U0454463

教育部中外语言交流合作中心2023年国际中文教育基地项目"'荆楚文化'系列课程设计与教材研发"（项目编号：23YHJD1032）研究成果

教育部中外语言交流合作中心2023年国际中文教学实践创新项目"科技赋能的地域特色文化教材创新设计"（项目编号：YHJXCX23-019）研究成果

武汉大学来华留学生国情教育系列教材

人文武漢

Insight into Wuhan

主　　编　范小青　洪豆豆　崔　萍
副 主 编　刘学蔚　周西宁
翻译审订　［英］Elliot　O'Donnell

WUHAN UNIVERSITY PRESS
武汉大学出版社

图书在版编目(CIP)数据

人文武汉/范小青,洪豆豆,崔萍主编;刘学蔚,周西宁副主编.—武汉:
武汉大学出版社,2024.6
武汉大学来华留学生国情教育系列教材
ISBN 978-7-307-24327-9

Ⅰ.人… Ⅱ.①范… ②洪… ③崔… ④刘… ⑤周… Ⅲ.地方
文化—武汉—教材 Ⅳ.G127.631

中国国家版本馆 CIP 数据核字(2024)第 055702 号

责任编辑:李晶晶   责任校对:李孟潇   装帧设计:韩闻锦

出版发行:**武汉大学出版社** (430072 武昌 珞珈山)
     (电子邮箱:cbs22@whu.edu.cn 网址:www.wdp.com.cn)
印刷:武汉雅美高印刷有限公司
开本:787×1092 1/16 印张:14.5 字数:179 千字
版次:2024 年 6 月第 1 版   2024 年 6 月第 1 次印刷
ISBN 978-7-307-24327-9   定价:72.00 元

《人文武汉》是武汉大学"人文武汉"课程的配套教材，教材研发、课程建设和MOOC摄制获得教育部中外语言交流合作中心2023年国际中文教育基地项目"'荆楚文化'系列课程设计与教材研发"（项目编号：23YHJD1032）和教育部中外语言交流合作中心2023年国际中文教学实践创新项目"科技赋能的地域特色文化教材创新设计"（项目编号：YHJXCX23-019）的立项支持。

为什么要开设"人文武汉"这门课程？新冠疫情可以说是一个契机。疫情以前，武汉的国际知名度不高，比不上北京、上海、广州、深圳。而一场突如其来的疫情以一种始料不及的方式把武汉推到了风口浪尖，这座原本仅仅是全国闻名的中国中部大都市，在短短几天内变得举世瞩目。在全世界媒体的聚焦下，"Wuhan"被各种语言的人们谈论和提起。在深陷疫情的一百多个日日夜夜里，静默中的武汉既收到了"山川异域，风月同天"的温暖友谊，也从新闻媒体中感受到了国际范围内的关注。从"热干面加油"，到"英雄之城"，三年来武汉走过了喧嚣，生活再次恢复了平静和繁荣。武汉大学的樱花依旧盛开，为这座新兴的网红城市吸引着天南海北的游客。武汉的国际知名度已经能和北上广深并列了。我们常说，帝都北京，魔都上海，活力深圳，小资厦门，悠闲成都，温婉苏杭……很多城市，有着自己鲜明的特征。但是如果我们问，武汉什么样？武汉的形象标志是什么？还很难用一个词、一句话来概括。武汉有了国际知名度，但我们对武汉的了解还不够深入，这座城市的独特魅力和深厚的文化底蕴，还需要我们去发现、思考和解读。疫情之后，"人文武汉"课程是我们对这座城市的沉淀和反思。

荆楚地区世界文化遗产和红色历史遗迹颇丰，长江文明和荆楚文化的研究硕果累累，国际传播却相对滞后。以武汉为中心的荆楚文化与国情教材不仅能满足海内外学习者深入了解武汉、切身体验荆楚文化的需求，还可以有效地传播武汉城市形象，回应国际关切，并助力长江经济带中部崛起和发展。

来华留学生是讲好中国故事的一个特殊群体，他们不仅是专业知识的学习者，也是人类命运共同体的共建者、"一带一路"倡议成果的"共享者"、中国特色社会主义道路的"共情者"和加强中国国际传播的"共鸣者"。以地域文化为特色进行文化教材编写创新、以地域文化为抓手开展对国际学生的中国国情教育是塑造中国国际形象的有效途径，也是高校践行立德树人根本任务的职责使命。

为了让海内外学习者更好地了解武汉，了解荆楚文化，武汉大学国际教育学院组织了学术团队专门研发荆楚文化系列课程和教材。

《人文武汉》教材的主编团队由武汉大学国际教育学院资深教师组成，具有十年以上的一线教学经验，并多年主讲文化类课程。本教材由课本和配套练习册组成，课本的第一、三、四、九讲由范小青编写，第二、六、十、十二讲由洪豆豆编写，第五、七、八、十一讲由崔萍编写，配套练习册由范小青设计，刘学蔚负责全书重点词汇的英文翻译，周西宁为教材编写提供学术指导，并在课程资源建设方面提供技术支持。独立摄影师止语庭除为全书拍摄了大量精美图片，在提高本套教材的可读性方面功不可没。此外还应感谢武汉大学哲学学院的 Elliot O'Donnell 为全书的英文翻译提供了高质量的专业审订。

《人文武汉》课本聚焦荆楚地区人文景观，放弃常见的古今时间编目法，而是以空间为纲，选取以武汉为中心的十二处经典人文景观进行介绍。每一讲内容都按照定位一地追古叙今的方式来编排，方便学习者立足现实更深入地体验荆楚生活风貌，感悟荆楚人文精神，从而得到更真实全面的荆楚文化印象。课本围绕对荆楚地区的观察、体验和人文思考展开，以学习者为主体，"景""史""人""文"有机融合，赏景讲史，结合当下，进而归结到人文精神的探索、不同文明的交流互鉴上。课本附有二维码，可扫码观看课程相关视频。配套练习册从实用性出发，手账式的独特设计既能满足学习者对荆楚文化的学习需求，也能在探索和互鉴中提高学习者的跨文化交际能力，从而提升其文化体验。

《人文武汉》教材适用于具有新汉语水平考试五级及以上水平的学习者，服务于以荆楚地区为主要目的地的学习者、工作者和旅居者，也适用于对荆楚文化感兴趣的学习者以及将来可能的到访者。

武汉是长江经济带发展的核心城市，2021 年长江国家文化公园的建设正式启动，编写创新型荆楚地域特色文化教材，推动以武汉地区为中心的荆楚文化建设和长江文明的国际传播恰逢其时。

范小青

2024 年 1 月

目 录

第一讲　武汉？武汉！

第一节　你好！这里是武汉

　　你知道档案吗？档案，又称人事档案或个人档案，是记录一个人在生活、学习和工作中的各种信息和资料的系统。档案主要包括以下几个方面的内容：首先是基本信息，比如姓名、性别、出生日期、民族、身份证号等；其次还有教育背景，包括从小学到大学的学习经历，比如学习的专业、毕业的时间、取得的学位等；最后工作经历、家庭关系和兴趣爱好等其他信息也是档案的重要内容。通过阅读档案，我们可以迅速地了解一个人的基本经历和个人情况。

　　如果把武汉看成一个人，他/她的档案可能是这样的：

武汉 档案（dàng àn）：

姓名：武汉

曾用名：邻月（xì yuè）城、夏口、鄂州（è zhōu）、江夏等

年龄：约 3500 岁

性别：猜猜看，我是帅哥还是美女？

家庭住址：长江和汉江交汇处

学历：博士

任职：湖北省省会，华中地区国家级中心城市，第二批国家历史文化名城

特长：物流运输、汽车制造、生物科技

爱好：美食、音乐、运动

年收入：华中地区我第一

最喜欢的季节：春天和秋天

最喜欢的食品：热干面、藕（ǒu）

最喜欢的动物：凤凰（fèng huáng）

最喜欢的颜色：红色

读完上面的档案，你是不是对武汉有了初步的印象呢？每个人的档案都是对生活的记录，档案越长，内容越丰富。武汉的档案也一样。随着你对武汉的了解越来越深入，希望你能给武汉的档案增加新的记录。

第二节　武汉的地理位置和行 政 区划

武汉，简称"汉"，也叫"江城"，位于中国腹地中心、湖北省东部、长江与汉水交汇处，地理位置为东经 113°41′~115°05′、北纬 29°58′~31°22′。武汉市总面积约为 8569 平方千米，从地图上看，像一只彩色蝴蝶从西向东飞来。全市最北边在黄陂区李冲村，最南边在江夏区湖泗街均堡村，南北最大距离约为 155 千米，北部多小山，南部多湖。最东边在新洲区将军山村，最西边在蔡甸区国光村，东西最大距离约为 134 千米，地势平坦。作为"江城"，武汉还有着丰富的水资源。武汉的水域总面积达 2217.6 平方千米，约占全市土地面积的四分之一。据 2021 年《武汉地方志》统计，武汉市境内长度 5000 米以上的河流有 165 条，列入保护目录的湖泊有 166 个。

武汉是中国中部地区的中心城市及唯一的副省级城市，是全国重要的工业基地、科教基地和综合交通枢纽，也是湖北省省会。武汉下辖 13 个区，包括江岸、江汉、硚口、汉阳、

中英对照
行政 administration
基地 base
枢纽 hub
下辖 divided into

武昌、青山、洪山7个中心城区和蔡甸、江夏、黄陂、新洲、东西湖、汉南6个远城区。武汉还有东湖新技术开发区、武汉经济技术开发区、武汉临空港经济技术开发区3个国家级经济技术开发区，以及东湖生态旅游风景区、武汉化学工业区、武汉长江新区等功能区。

第三节　隐藏在名字中的历史：为什么"武汉"？

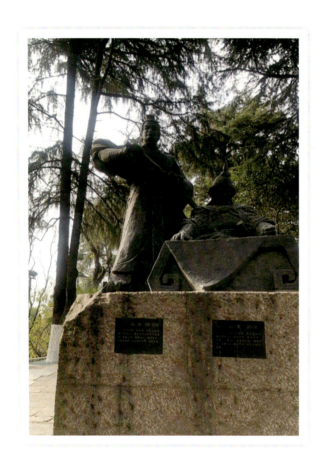

你好！你叫什么名字？当我们认识一位新朋友时，我们总会这样打招呼。每个人都有自己的名字，你的名字就是你的代号，是一个关于你的故事。城市也有自己的名字。城市的名字包含了城市的历史，<ruby>蕴含<rt>yùn hán</rt></ruby>着城市的文化精神。

中英对照

蕴含
to contain

隔江分立
to be separated by rivers

格局
layout

城堡
castle/citadel

你知道武汉名字的由来吗？这座水边的城市和水有着密切的关系。长江和汉江在这里交汇，把武汉分成了三部分，形成了武昌、汉口、汉阳三个城镇隔江分立的城市格局，也就是人们常说的"武汉三镇"。把武昌的"武"和汉口、汉阳的"汉"合在一起，就叫"武汉"。那武昌、汉口和汉阳的名字又是怎么来的呢？这要从武汉的历史说起。

1800多年前的三国时期，荆州的刘表和东吴的孙策争夺长江中游的这片地区，双方的军队都来到了这里。公元198年前后，为了对抗孙策的军队，刘表修建了郤月(xì yuè)城，它是汉阳地区出现的第一座城堡。公元208年，郤月(xì yuè)城毁于战争，刘表的儿子又在附近建起鲁山城。后来，人们不断修建这片地区，它的新名字一个接一个地出现，比如石阳、曲阳、沌阳、汉津等，直到公元606年，才被叫作汉阳。因为山的南边和水的北边能照到更多的阳光，更加温暖，所以山南水北被认为是"阳"，和"阴"相对。"汉阳"的意思就是在汉水的北边。尽管历史上汉水多次改变水流的方向，今天的汉阳在汉水的南面，但从公元

606 年开始，"汉阳"这个名字就固定不变，一直用到了今天，也就是现在的汉阳。

武昌的兴起也和三国的历史有关，其中最关键的人是孙权。刘表和他的儿子建立了汉阳，孙策的弟弟孙权建立了武昌。为了和刘备争夺荆州，孙权把都城从建业(今南京市)迁到武汉附近的鄂县(今鄂州市)，并给这个地方取了新的名字，叫作"武昌"，意思是"以武治国而昌"。孙权希望用武力建立起 昌 盛 的国家，从"武昌"开始，慢慢发展到更大的范围。这是"武昌"这个名字的来历，但这个"武昌"并不是今天的武昌。公元 223 年，孙权修建了一座城，因为它正对着夏水(今汉江)流入长江的入口，所以叫作夏口城，这才是今天的武昌。夏口城是武昌地区最早的一座城，是武昌建立的起点，后来的黄鹤楼就来源于其中一座高高的军事瞭望台。"夏口"是怎么变成"武昌"的呢？这里还有一个小故事呢。由于夏口城在汉江和长江交汇处，坐船可以很方便地到达东南西北的很多地方，越来越多的人离开武昌，来到夏口生活。到了唐朝的时候，夏口发展得越来越好，政治地位也越来越重要，已经

昌盛
prosperous

瞭望台
watchtower

超过了武昌城。从唐代到元代、明代、清代，武昌作为省级地区，**首府驻地**（shǒu fǔ zhù dì）都在夏口，人们说到武昌去办事儿，常常就是指去夏口。经过几百年的发展，人们越来越习惯用"武昌"来称呼夏口城，到了 1912 年夏口就正式改名为"武昌"了，这就是今天的武昌。而以前的"武昌"今天叫作"鄂州"。如果你从武昌的黄鹤楼出发，沿着长江向东边走大约 60 千米就能到达鄂州。

在武汉三镇中，汉口兴起得最晚，只有 500 多年的历史。500 多年以前，汉水**改道**（gǎi dào），在长江边分出了一块土地，因为在汉水进入长江的地方，所以叫作"汉口"。这个地方非常适合停船、运货，货船多了，人也多了。又经过一百年的发展，这里成了一个重要的港口。全国很多运送粮食和盐的船都要经过汉口。茶叶、丝绸也常常从汉口运往别的地方。富裕的商人在商铺里、酒楼上谈生意，勤劳的工人流着汗水搬运沉重的货物。大街小巷都是来来往往的人，各种各样的商品摆满了街道，非常热闹。老武汉人常说："紧走慢走，一天走不出汉口。"这句话既是说汉口的面积很大，一天走不完，也是说汉口是个热闹好玩儿的地方，一天逛不够。可以说，战争促使汉阳和武昌兴起，而商业推动了汉口的发展。

"武汉"这个名称第一次正式出现于1927年，当时的政府把武昌、汉口、汉阳合并，定名为"武汉"，作为临时首都。中华人民共和国成立后，也把这三镇合并成为武汉市。正是因为有这么重大的历史价值，武汉也成为了国家第二批历史文化名城。

第四节　盘龙城——武汉城市文明之根

武汉多少岁了？盘龙城的发现与研究表明，武汉城市的历史大约开始于 3500 年前。至少在 8000 年至 7000 年以前，这一片地区就已经有了人类活动的痕迹。大约 3500 年前，有一支 商 朝 （shāng cháo）的军队来到长江边，在一片三 （sān）面 环 水 （miàn huán shuǐ）的高地上修筑了一座 城 池 （chéng chí），并驻扎 （zhù zhā）了下来。这就是盘龙城。

深藏 3000 多年的盘龙城遗址是怎么发现的？这要从 1954 年武汉的特大洪水说起。1954 年，长江在武汉的水位达到了历史最高的 29.73 米，情况十分危急。水来土掩，为了防止长江在武汉决堤，人们需要大量的土来加高江堤，找土成了最紧急的事情之一。四处找土的人们发现，在武汉的北边离市区不远的一个地方，那里的黄土堆得高高的，厚厚的，挖起来非常迅速方便，只是有的时候土里会挖出来一些奇怪的东西。一个叫蓝蔚的考古工作者注意到了这个情况，他沿着弯弯曲曲的土路骑了十几千米的自行车，亲自去那里调查。凭借着多年的经验和丰富的知识，蓝蔚马上认出了土里那些奇怪的东西是古代的文物，而又高又厚的黄土后来被发现是盘龙城的城墙。越来越多的文物从厚厚的黄土中不断地被人们挖掘出来，盘龙城遗址就这样被发现了。

已发现的盘龙城遗址有宫殿、民房、墓葬、作坊等，人们还发现了很多生活用品、工具和武器。盘龙城位于武汉市黄陂区，离中心城区只有 5 千米，这里是武汉地区已发现的

遗址
archaeological site

水来土掩
to block floodwaters with earth

决堤
to burst a river bank

考古
archaeology

墓葬
burial site

作坊
workshop

盘龙城壕沟城墙

盘龙城宫殿

最早的城市遗迹，被认为是武汉城市文明的源头。

几十年来，对盘龙城遗址的研究一直在进行中。目前人们已经发现，盘龙城是一座有规划的城市，遗址总面积有 3.95 平方千米，核心区有 1.39 平方千米。包围起整个盘龙城的城墙有 15 米高，大概相当于 5 层楼。城墙里面分为宫城、手工作坊和生活区三个部分，宫城在最里面。经过了漫长的 3000 多年，现在人们看到的城墙只有 1 至 3 米高，每一面城墙的中间都有个缺口，那是过去的城门。人们还在城里的东北角发现了两座宫殿基址，每一座都有差不多 40 米长，12 米宽。1 号宫殿分成了一字排开的 4 个小房间，看起来像是统治者和家人们一起生活的地方。2 号宫殿是个大房间，看起来像个大大的会议厅，是统治者办公议政的地方。这两座宫殿体现了我国宫殿"前朝后寝"的布局模式特点，这种布局模式也一直延续到北京的故宫。

3000 多年以前的盘龙城里大约生活着 2 万

人，最多的时候达到 3 万人。他们分为贵族(guì zú)、平民(píng mín)和奴隶(nú lì)，过着不同等级的生活。高级贵族的墓葬里，有 0.94 米长的大玉戈(gē)，0.85 米高的青铜大圆鼎(dǐng)，还有精美的绿松石镶金饰件。这些物品是贵族们军事权和统治权的象征，也是他们奢华生活的反映。普通平民的墓葬里发现的主要是生活用品，大多是陶器(táo qì)，比如吃饭和盛水的陶器，还有各种各样的劳动工具。而奴隶们没有自己的墓葬，他们死后或者被丢弃，或者作为"用品"和"工具"出现在贵族的墓葬里。

随着研究的深入，有专家提出了这样的观点，盘龙城是商朝在南方的军事重镇，是南方的政治中心。3500 多年前，人们不但懂得利用汉水和长江来运输铜矿石，还会制作精美的青铜器。盘龙城不但地理位置优越，而且这里的青铜器制作也达到了很高的水平。除此以外，人们在盘龙城还发现了许多玉器、陶器和石器。这些物品的精美程度和数量都说明了商代盘龙城的重要地位。

盘龙城遗址的发现，不仅为武汉找到了城

中英对照

贵族
nobility

平民
commoner

奴隶
slave

戈
dagger-axe

鼎
bronze cauldron

陶器
pottery

盘龙城大圆鼎

市文明的起源，而且还提高了南方长江流域考古研究的重要性。盘龙城遗址是商代中原文化向南扩张，在长江流域形成的中心城市，反映了中华文明在长江流域的发展。

思考和讨论：

1. 你来过武汉吗？喜欢武汉的天气吗？在武汉档案中，提到了武汉最喜欢的季节是春天和秋天，你怎么理解？请结合武汉的地理位置，分析一下武汉的气候特点。武汉档案里的哪一项特长也和武汉的地理位置有关？

2. 你的家乡在哪里？你家乡的气候和武汉一样吗？你的家乡有什么特点？请为同学们介绍一下。

扩展阅读

[1]武汉地方志办公室编. 武汉市志简明读本[M]. 武汉：武汉出版社，2010.

[2]刘晓峰. 中国风俗图志(武汉卷)[M]. 济南：泰山出版社，2020.

[3]陈贤一. 图说盘龙城[M]. 武汉：武汉出版社，2017.

第二讲 黄鹤楼

　　"烟雨莽苍苍，龟蛇锁大江"（向远处望，烟雨迷茫，龟山和蛇山隔江对峙，锁着长江），毛主席诗词中的"大江"就是长江，隔着长江相对的两座山看起来像一只大龟和一条大蛇，所以叫作"龟山"和"蛇山"。"天下江山第一楼"——黄鹤楼就在蛇山上，经历了千年的风风雨雨，迎接了一代又一代古今中外的游客。如果说去北京旅游一定要参观故宫，那么来武汉玩儿就不能不看黄鹤楼，黄鹤楼已经成为了武汉的一张闪亮的城市名片。

第一节　黄鹤楼简史

今天的黄鹤楼是中国 5A 级风景区，可是最初<ruby>修建<rt>xiū jiàn</rt></ruby>黄鹤楼并不是为了欣赏江景，而是出于军事目的。公元 223 年，孙权在蛇山一带建夏口城，夏口城在长江和汉水交汇的地方，无论从南北还是东西来的人都必须经过这里，所

中英对照

修建
to build

黄鹤楼

中英对照

瞭望楼
watchtower

名副其实
to be worthy of the name

国泰民安
peace and prosperity

盛世
a flourishing age

斗争
to struggle

焦点
the focus

以它具有非常重要的军事意义。建城时，孙权在夏口城西南的黄鹄矶上修了一座军事<ruby>瞭望<rt>liào wàng</rt></ruby><ruby>楼<rt>lóu</rt></ruby>，这就是最初的黄鹤楼。如果从这时算起，黄鹤楼已经有约 1800 年的历史了，是<ruby>名副其实<rt>míng fù qí shí</rt></ruby>的千年古楼。

直到隋唐时期国家统一之前，黄鹤楼一直发挥着它的军事作用。中国历史发展到了唐代出现了<ruby>国泰民安<rt>guó tài mín ān</rt></ruby>的<ruby>盛世<rt>shèng shì</rt></ruby>，郢城 (南北朝时夏口城改名郢城) 不再是军事<ruby>斗争<rt>dòu zhēng</rt></ruby>的<ruby>焦点<rt>jiāo diǎn</rt></ruby>，黄鹤楼也从三国时期以来的军事瞭望楼成了文人心中理想的游览观景楼。为了适应新的需求（xū qiú），黄鹤楼进行了维修（wéi xiū）和扩建（kuò jiàn）。文人们在楼上观景、送别、聚会和玩乐，也把黄鹤楼的美景写进一篇又一篇诗文里。王维、崔颢、李白、白居易、杜牧等唐代著名诗人都曾在这里留下名篇佳作。

宋代的黄鹤楼仍是人们登高望远、赏景抒情、朋友聚会、吟诗作画的场所。宋代界画《黄鹤楼》生动再现（zài xiàn）了黄鹤楼的繁华（fán huá）景象。跟唐代相比，宋代黄鹤楼更大、更漂亮，已经发展成了一组建筑群。元代也留下了一幅黄鹤楼界画，从图画上看，元代黄鹤楼要比宋代的小。据说黄鹤楼在宋代曾经被毁（huǐ），这样看来元代黄鹤楼应该是重建的。可惜元代黄鹤楼在元末也被毁了。

作为一座木楼，黄鹤楼实在容易被毁，雷击、火灾、战争给黄鹤楼带来了一次次灾难（zāi nàn）。仅仅在明代和清代，黄鹤楼就被毁了7次，重建和维修了10次。黄鹤楼最后一次被毁，是在1884年发生的大火灾中。此后，人们一直希

中英对照

需求
demand

维修
to maintain

扩建
to expand

再现
to recreate

繁华
prosperous

毁
to ruin

灾难
disaster

中英对照

精心设计
to be well-designed

典礼
ceremony

钢筋混凝土
reinforced concrete

界尺
ruler

工笔
a realist technique
in Chinese painting

望重建黄鹤楼，但是直到中华人民共和国成立才梦想成真。经过认真准备与精心设计（jīng xīn shè jì），黄鹤楼在 1981 年正式开始重建，1985 年 6 月 10 日落成典礼（diǎn lǐ）在新楼前举行。新楼吸取历代黄鹤楼多次在火灾中被毁的教训，虽然从外面看还是木楼的样子，但实际上使用了钢筋混凝土（gāng jīn hùn níng tǔ）。

📖 知识小贴士

界画是中国绘画很特别的一类，因为在画画时使用界尺（jiè chǐ）引线，所以被称作界画。界画主要用于画建筑物，建筑物以外的其他景物用工笔（gōng bǐ），通称为"工笔界画"。宋代和元代各留下了一幅黄鹤楼的界画，参考它们可以知道黄鹤楼当时的样子。

第二节　黄鹤楼名字的由来

关于黄鹤楼这个名字，有两种比较被人们接受的说法，第一种是说黄鹤楼建在黄鹄矶上，因此得名。那为什么不叫"黄鹄楼"而叫"黄鹤楼"呢？是因为在中国古代"鹄"和"鹤"读音相通，所以黄鹄矶也可以读成黄鹤矶，黄鹤矶上的楼就是黄鹤楼。第二种说法和仙人骑鹤的传说有关。在不同的神话故事中，不同名字的仙人都在这座古楼骑鹤飞天，黄鹤楼的

xiān rén

来源
origin

命名
to name

道士
a Daoist priest

名字来源于仙人所骑的黄鹤。

最早记录仙人骑鹤神话故事的人是祖冲之，他的《述异记》中有关于黄鹤楼的神话故事：有一天，荀瓖在黄鹤楼上休息。骑着黄鹤的仙人飞到楼上，和荀瓖进行了愉快的谈话。不久，仙人骑上黄鹤离开，很快就消失在天边。因此有了"杳如黄鹤"这个成语，后来人们用它来形容没有消息或下落不明，就像《述异记》故事里的那位仙人一样骑着黄鹤飞走，从此不再回来。第二种说法中，有人认为骑鹤的是仙人子安，这种说法不但在《南齐书》中有记录，李白也在诗中用过这种说法，写出了"黄鹤呼子安"的诗句(《登敬亭山南望怀古赠窦主簿》)。还有人认为骑鹤仙人叫费祎，唐人阎伯理在《黄鹤楼记》中说"费祎登仙，尝驾黄鹤返憩于此，遂以名楼"，意思是费祎在这里成为仙人后，曾经骑着黄鹤又回到楼上休息，这座楼因此被命名为黄鹤楼。

不过，下面这个《辛氏酒楼》的故事，内容则更丰富而生动。很久以前，蛇山上有一家酒楼，老板姓辛。一个道士(有人说这个道士就是八仙之一的吕洞宾)经常到辛老板的酒楼要酒喝，却从不给钱，好心的辛老板每次都热情地招待他。半年以后，这个道士为了感谢辛老板，就用橘子皮在酒楼的墙上画了一只黄色的仙鹤。画完以后他拍手唱歌，<ruby>神奇<rt>shén qí</rt></ruby>的事情出现了：黄鹤从墙上飞下来，随着歌声<ruby>翩翩起舞<rt>piān piān qǐ wǔ</rt></ruby>。酒楼里的客人都惊呆了，纷纷为精彩的表演鼓掌。道士告诉辛老板，只要拍手四下，黄鹤就会为大家跳舞。

这件神奇的事情吸引了很多客人来看黄鹤跳舞，酒楼的生意越来越好。一个大官想把黄鹤献给皇帝，可是黄鹤一看到他就飞回墙上。大官想了很多办法，黄鹤都不理他。生气的大官用油漆涂墙，用大火烧墙，可是黄鹤还是好好的。突然，黄鹤从墙上飞下来，大官高兴地抱住了黄鹤的腿，于是黄鹤带着他飞到了天上，<ruby>汹涌<rt>xiōng yǒng</rt></ruby>的长江把大官吓坏了，手一松，掉进江水里<ruby>淹死<rt>yān sǐ</rt></ruby>了。最后，黄鹤重新回到了酒楼的墙上，再也没有人敢打它的坏主意。

十年之后，辛老板已经赚了很多钱。有一天，那个道士又来到了酒楼，辛老板一看见他就表示感谢。道士拿出一支笛子，在好听的笛

中英对照

神奇
magical

翩翩起舞
to dance lightly and gracefully

汹涌
turbulent

淹死
to drown

声中，朵朵白云从天上飘下来，他骑上黄鹤，在白云的簇拥（cù yōng）下飞向天边。为了感谢和纪念这位仙人，辛老板在江边修建了一座高楼，让人们可以登楼望鹤，这座楼就是黄鹤楼。

第三节 黄鹤楼诗词

据不完全<ruby>统计<rt>tǒng jì</rt></ruby>，中国历代写黄鹤楼的诗词超过1000首，文章超过100篇。其中最有名的是"唐人七律第一"的诗人崔颢的作品——《黄鹤楼》。这首诗一出现就成为黄鹤楼的最佳广告，人们谈到黄鹤楼，就会想到这首诗；读起这首诗，就会想到黄鹤楼。

> 昔人已乘黄鹤去，此地空余黄鹤楼。
> 黄鹤一去不复返，白云千载空悠悠。
> 晴川历历汉阳树，芳草萋萋鹦鹉洲。
> 日暮乡关何处是？烟波江上使人愁！

这首诗不仅使黄鹤楼名声大噪，诗中名句"黄鹤一去不复返，白云千载空悠悠"还让武汉从此成为"白云黄鹤"的故乡。

崔颢的这首诗到底好到什么程度呢？传说唐代大诗人李白上黄鹤楼，本来想写一首诗，可是当他看到墙上崔颢的诗后<ruby>自叹不如<rt>zì tàn bù rú</rt></ruby>，说："眼前有景道不得，崔颢题诗在上头。"连李白

中英对照

统计
statistics

自叹不如
to sigh at the idea of one's comparative unworthiness

甘拜下风
to willingly acknow-
ledge defeat (in frien-
dly competition)

不朽
immortality

情有独钟
to have special
preference for

地标
landmark

内涵
connotation

都在崔颢这首黄鹤楼诗前<ruby>甘拜下风<rt>gān bài xià fēng</rt></ruby>。虽然李白没有为黄鹤楼写诗，但他写于黄鹤楼的一首送别诗《黄鹤楼送孟浩然之广陵》也是<ruby>不朽<rt>bù xiǔ</rt></ruby>的名篇：

> 故人西辞黄鹤楼，烟花三月下扬州。
> 孤帆远影碧空尽，唯见长江天际流。

另一首《与史郎中钦听黄鹤楼上吹笛》中有名句"黄鹤楼中吹玉笛，江城五月落梅花"，为武汉带来"江城"的美名。李白对黄鹤楼<ruby>情有独钟<rt>qíng yǒu dú zhōng</rt></ruby>，先后在 12 首诗中写到它，可见黄鹤楼在唐代已经是一个城市<ruby>地标<rt>dì biāo</rt></ruby>了。

黄鹤楼，就是一部生动的诗集！在崔颢、李白之前或之后，只要有诗人来武汉，在诗中差不多都会写到黄鹤楼，他们一起让黄鹤楼成为了<ruby>内涵<rt>nèi hán</rt></ruby>厚重的文学景观。所谓文学景观，是指那些与文学关系密切的景观，它是景观的一种，却又比普通的景观多了一层文学色彩，多了一份文学内涵。有些景观一开始名气不大，但随着写该景观的文学作品的传播而声名远扬，从而吸引更多的文学家或游客来这里写诗作文，新的文学作品又带来新一波流量。黄鹤楼就是在这样的良性循环中越来越有名，最终获得了"天下绝景""天下江山第一楼"的美称。

📖 **知识小贴士**

崔颢《黄鹤楼》翻译：传说中的仙人已经骑鹤飞去，这里只留下空空的黄鹤楼。黄鹤一去就再也没有回来，千百年只有白云还在飘荡。阳光下的汉阳树历历在目，鹦鹉洲头的芳草郁郁葱葱。黄昏时眺望远方，哪里是我的故乡？江上烟波浩渺，心中更加忧愁。

李白《黄鹤楼送孟浩然之广陵》翻译：好友在黄鹤楼向我告别，阳春三月他去扬州远游。船渐渐消失在天空尽头，只见长江滚滚流向天边。

第四节　晴川阁和鹦鹉洲

晴川阁

在黄鹤楼上眺望长江北岸，能看到晴川阁。晴川阁建于明代，在长江北岸龟山山脚的禹公矶上，与南岸的黄鹤楼隔江相对。崔颢诗中有"晴川历历汉阳树"，于是修建者用"晴川历历汉阳树"中的"晴川"二字命名。晴川阁的修建时间比黄鹤楼晚了1000多年，历史文化的积累远不如黄鹤楼厚重，但是从建成之后便

qīng lài
得到游客的青睐，往来的游客经常先游览黄鹤楼，然后在汉阳门码头乘船过江再游览晴川阁。历史上的晴川阁跟黄鹤楼一样，多次被毁，

后来在 1983 年按清代样式重建。今天的晴川阁风景区面积约 10000 平方米，包括晴川阁、禹稷行宫、铁门关三大主要建筑和禹碑亭、朝宗亭、楚波亭、荆楚雄风碑等十几处小建筑。

有一副关于晴川阁和鹦鹉洲的对联（duì lián）十分有趣，一定要用武汉话读才有绕口令（rào kǒu lìng）的效果：晴川阁阁上飞角角飞阁不飞，鹦鹉洲洲边行舟舟行洲不行（武汉话中阁和角读音相同，都读 guó）。"汉阳树"本来指崔颢在黄鹤楼上看见的晴川阁一带的树木，然而到了现代，人们习惯把凤凰巷 11 号后院的古银杏树称为汉阳树。这棵古树已经有 544 岁，是武汉市区最老的树。2023 年 8 月，汉阳树公园建成开园，汉阳树得到了更好的保护。

晴川阁之名来自唐代崔颢的《黄鹤楼》，"鹦鹉洲"的名字则来源于东汉祢衡的《鹦鹉赋》。祢衡死后葬（zàng）在江心洲上，这里是他写《鹦鹉赋》的地方。美丽的歌女碧姬带着祢衡送给她的鹦鹉来到坟墓（fén mù）前痛哭，表示愿意随他一起离开。最后，碧姬哭干了眼泪，一头撞死在墓碑（mù bēi）上。她带来的那只鹦鹉整夜发出伤心的

中英对照

对联
Chinese couplet

绕口令
tongue twister

葬
to be buried

坟墓
grave

墓碑
gravestone

中英对照

港口
port

叫声，第二天早上也死在了墓前。于是，人们把碧姬和鹦鹉也葬在了江心洲上，从此把这座江心洲叫作鹦鹉洲。因为是江心洲，受到江水的影响，有人认为古今鹦鹉洲的位置并不一样，古代的鹦鹉洲离武昌更近，而现在的鹦鹉洲不但离汉阳更近，而且逐渐与汉阳江岸连在一起了。鹦鹉洲曾经是长江上最大的竹木市场，现在它不仅是长江上最大的竹木转运站，还是武汉新兴的工业区和贸易港口。

思考和讨论：

今天的课文中提到了黄鹤楼，你们那儿也有这种历史悠久的著名建筑吗？请为大家介绍一下。

扩展阅读

[1]严昌洪，肖志华. 武汉掌故[M]. 武汉：武汉出版社，2012.

[2]董宏量. 武汉黄鹤楼故事[M]. 武汉：长江出版社，2015.

第三讲　东湖与楚文化

第一节　东湖——武汉人的花园

　　说到武汉，人们常说大江大湖大武汉，这里的湖，就是东湖。东湖位于武汉市中心，水上面积 32.5 平方千米，湖岸线长 133.7 千米，是武汉市中心城区最大的湖。如果说黄鹤楼是武汉的名片，那么东湖可以说是武汉人的花园，武汉人不仅喜欢自己来放松休闲，还喜欢在这里和朋友见面，一起度过美好的时光。

东湖生活

镶嵌
inset

层峦叠翠
layer upon layer of
green mountains

从飞机上往下看，东湖像一面闪闪发光的镜子，**镶嵌**^{xiāng qiàn}在绿色的地毯上。几条长长的绿道横跨水面，连接起湖中的小岛，像是给这面镜子系上了绿色的丝带。夕阳西下，晚风推动波浪，轻柔地拍打着。湖面升起一层薄雾，像美女戴上了一层面纱。湖岸边，夜幕下的路灯依次亮起，像一颗颗珍珠环绕着东湖，把她装扮得更加美丽。

为了让市民充分享受山水间的城市生活，武汉市政府沿着湖边修建了东湖绿道。它是中国第一条城区内5A级旅游景区游览道路，禁止汽车通行。2017年东湖绿道一期完工，全长102千米，连接起吹笛、听涛、落雁、磨山四大景区。沿着绿道能到达湖北省博物馆、武汉植物园、马鞍山森林公园、华侨城湿地公园，还有武汉大学、华中科技大学等多所大学。

在东湖绿道散步、慢跑和骑行，是武汉人非常喜欢的休闲方式。外地游客也喜欢到东湖绿道来打卡，看看这城市和自然融为一体的美景。

东湖水面开阔，一望无际；群山环绕，**层峦叠翠**^{céng luán dié cuì}。东湖拥有国内最完整的城市湖泊生态系统，既重视游客的体验，也非常重视生态保护。绿道预留了 13 条生物通道，野兔、松鼠这些小动物可以轻松穿行；鱼儿有专门的水下通道，可以自由地游到不同的湖区；高大茂密的<ruby>芦苇丛<rt>lú wěi cóng</rt></ruby>是为鸟儿们准备的，可以大大减少游人对它们的打扰。

自古以来，东湖就是<ruby>游览胜地<rt>yóu lǎn shèng dì</rt></ruby>，祝融观星、怀王擂鼓、屈原行吟、李白放鹰，是人们口口相传的东湖故事。毛主席先后视察东湖 48 次，他在这里接见了 64 个国家的 94 批外国<ruby>政要<rt>zhèng yào</rt></ruby>。2018 年习近平总书记也选择在东湖会见印度总理。

东湖是自然生态与历史人文的完美结合，是武汉人接待全世界朋友的美丽花园。

中英对照

芦苇丛
thicket of reeds

游览胜地
tourist attraction

政要
political dignitary

东湖樱花园

📓 **知识小贴士**

东湖一年四季都能欣赏到鲜花盛开的美景，春有樱花夏观荷，秋赏菊花冬寻梅。东湖樱花园是全球三大樱花公园之一；东湖荷花园是中国荷花研究中心，有荷花700多种，居世界第一；东湖梅园是世界上规模最大、品种最全的梅花品种资源圃，也是中国梅花研究中心。

第二节　楚城和楚国八百年

武汉所在的地区在古代属于"楚"，楚国的范围很大，主要是今天的湖北和湖南。武汉所在的江汉地区是楚国的核心。

东湖有中国最大的楚文化游览中心，这里修建的楚城、楚天台，模仿了历史上的楚国建筑。让我们一边游览，一边听听楚国的故事吧。

楚城

中英对照

祖先
ancestor

爱戴
love and esteem

智勇超凡
extraordinary intel-
ligence and brave

凤标楚天台

第一个成语：炎黄子孙

炎黄子孙，是华人对自己的称呼。中华民族的<ruby>祖先<rt>zǔ xiān</rt></ruby>，是传说中的炎帝和黄帝。所以世界上不论什么地方的华人，都说自己是炎黄子孙。

楚人的祖先呢？伟大的楚国诗人屈原在《离骚》的第一句就说，"帝高阳之苗裔兮"，意思是自己是"帝高阳"的后代。另外，火神祝融也被看作楚人的祖先。

其实，帝高阳、祝融和黄帝都是一家人。"帝高阳"就是黄帝的孙子。祝融又是"帝高阳"的重孙。他们都是楚人的祖先。

传说中的帝高阳，是像神一样的人。他非常了解季节和天气的变化，指导人们种田。传说中的祝融，能看懂天空中星星代表的季节，告诉人们什么时候开始农业生产。他生前是掌管火的官员，死后成为火神。帝高阳和祝融受到楚人的崇拜和<ruby>爱戴<rt>ài dài</rt></ruby>，楚人认定他们是自己的祖先，为拥有这样<ruby>智勇超凡<rt>zhì yǒng chāo fán</rt></ruby>的祖先感到自豪和骄傲。

第二个成语：一鸣惊人

这个成语最早出自《韩非子·喻老》，原义是一叫就使人震惊，比喻平时没有突出的表现，一下子做出惊人的成绩。

公元前613年，少年楚庄王当上了楚国的国君。大臣们都盼望这位新国君能让楚国更加强大，但他却天天打猎、喝酒和听音乐。三年过去了，除了玩儿，他什么事儿也不干。大臣们劝说年轻的楚庄王，楚庄王不但不接受他们的建议，还生气地下了一道命令，谁要是再敢劝告他，就杀掉谁。楚国的情况因此越来越差，大臣们非常失望。

这时候，有一个叫伍举的大臣决定去见楚庄王。他说："有人让我猜个谜儿，我猜不着。大王您最聪明，请您猜猜吧。"

楚庄王一听猜谜儿，觉得很有意思，就笑着说："你说出来听听。"

伍举说："楚国山上，有一只大鸟，长着五彩的羽毛，样子很神气，可是一停三年，不飞也不叫，这是什么鸟？"

楚庄王看着伍举，慢慢地说："这可不是普通的鸟。这种鸟，以前不飞也不叫，是在等

040

机会。它一飞就要冲天；一鸣就要惊人。你去吧，你要说的话我已经明白了。"

三年来，年轻的楚庄王躲避危险，慢慢成长壮大。他赶走了只会陪他玩儿的人，伍举和那些正直的大臣成了他的好助手，帮助他处理国家大事。楚国很快强大起来，打败了南方的很多小国，最后一直打到周王朝的都城附近。这只来自楚国的大鸟真是让周王朝都感到害怕了呢。

第三个成语：问鼎中原

楚国在楚庄王的带领下很快强大起来，楚国军队到达的地方，那些小国不是<ruby>依附<rt>yī fù</rt></ruby>楚国就

是被打败。公元前606年，楚庄王带着军队来到了周王朝的都城附近。周王心里害怕，不知道楚庄王想干什么，就派了能说会道（néng shuō huì dào）的王孙满去接待他和他的军队。

在夏商周时代，鼎（dǐng）是天下政权（zhèng quán）的象征，只有周王这样的天子（tiān zǐ）才能拥有。楚庄王明明知道，却故意做出感兴趣的样子问王孙满："鼎有多大，重不重？"还骄傲地说："你们有鼎，我们楚国军队打了这么多仗，断掉的兵器也足够做成鼎了。"

听到这样无礼的问题，王孙满没有直接回答，而是说起了鼎的故事："从前大禹统治天下，九州（jiǔ zhōu）送来青铜，做成了这九只鼎，象征九州都臣服（chén fú）大禹。后来的夏桀不是个好天子，鼎就到了商朝手里。六百年以后商纣王残暴（cán bào），鼎又到了周朝手里。只要有德义（dé yì），小鼎也很重，谁也拿不走；如果没有德义，大鼎也很轻，很容易失去。"最后，王孙满严肃地说："周王朝传了七百年，天命（tiān mìng）还没有完，还没有别人

能说会道
eloquent speaker

鼎
bronze cauldron

政权
political authority

天子
son of heaven

九州
Nine Provinces of China

臣服
to serve

残暴
brutality

德义
virtue

天命
the Mandate of Heaven

礼仪道德
rites and morals

木雕
wood carving

能取代。鼎的大小轻重，您还是不要问了吧。"

楚庄王被王孙满说服了，只有军队没有德义是不能取得天下的。他带着他的军队回到楚国以后，不再到处打仗，而是让楚国人向周王朝学习中原的礼仪道德（lǐ yí dào dé）和先进文化。和平的生活里，楚国创造出精美的青铜器、木雕（mù diāo）和丝织品。两千多年以后的今天，这些珍贵的宝物还引起人们的惊叹。

楚王问鼎的故事给我们留下了"问鼎中原"的成语，意思是想要夺取天下。后来，人们也用"问鼎"来表达"在重要的比赛中拿到冠军"的意思。

第三节　行吟阁和屈原

行吟阁和屈原

端午节是中国的传统节日，在这一天，人们要用吃粽子、<ruby>赛龙舟<rt>sài lóng zhōu</rt></ruby>的方式纪念一个人，那就是楚国诗人屈原。

屈原生活的时代，楚国多次被秦国打败。秦王约楚怀王在边境见面，说是要签订和平<ruby>盟约<rt>méng yuē</rt></ruby>。去吧，如果秦王骗人，楚怀王就可能

中英对照

赛龙舟
dragon boat race

盟约
alliance

赎
to pay a ransom

远眺
to look over

重振
to revitalize

三闾大夫
a government position in the state of Chu (responsible for sacrifices)

回不来；不去吧，又放不下对和平的幻想。屈原看穿了秦王的谎言，劝楚怀王不要去。楚怀王不相信屈原的话，结果被秦王骗到秦国关了起来，要楚国拿土地来赎，最后还死在了秦国。

　　楚怀王就这样死在了国外，屈原和楚国人又愤怒又难过。屈原劝新的楚顷襄王任用贤良的人才，远离小人，振兴国家。那些小人害怕屈原，就聚集起来，轮流在楚顷襄王面前说屈原的坏话，说屈原总是批评大王您这做得不好，那做得不对，楚国迟早要亡国。楚顷襄王大怒，把屈原赶出了都城。

　　离开都城的十六年里，屈原怀着沉痛的心情，漫游在楚国的大地上。传说屈原来到武汉，他登上龟山，在这里远眺楚国的都城；他走到东湖，一边走，一边歌唱香草和美人，表明自己高洁的志向，希望君王能重振国家。他的诗句浪漫华丽，想象丰富，感情热烈，这也是楚文化的特点。

　　有一天，他遇到一个渔夫。渔夫远远地打着招呼："这不是三闾大夫吗？您怎么一个人到这儿来了？"屈原说："很多人都很脏，只有我是干净的；很多人都喝醉了，只有我是清醒的。要问我为什么会在这儿，这就是原因。"

渔夫又说："他们脏了，他们喝醉了，你就和他们一起脏、一起醉。为什么要自己一个人干净又清醒，结果被赶走呢？"

屈原摇头说："刚洗了头发，要拍拍帽子上的灰；刚洗了澡，也要抖抖衣服上的土。我干干净净的，怎么能忍受这些脏东西？我宁可跳进水里自杀，被鱼吃掉，也不能让他们污染我。"

东湖的行吟阁前，有一座屈原的雕像。这位两千多年前的伟大诗人抬头看向天空，正要迈步向前走去。他脸上严肃和忧虑的表情告诉我们，他一直在担忧着自己的祖国。

公元前278年，楚国被秦国攻破都城。听到这个消息，屈原**投江自尽**（tóu jiāng zì jìn），用这样的方式最后一次表达了对国家的热爱。两千多年来，人们在端午节纪念屈原，正是对他这种高尚精神的**景仰**（jǐng yǎng）。热爱祖国和人民的人，人们永远不会忘记他。

投江自尽
to commit suicide by jumping into a river

景仰
to respect and admire

第四节　海光农圃和周苍柏

海光农圃
和周苍柏

中英对照

栈桥
jetty

农圃
agricultural farm

　　每天早晨的东湖边，武汉大学凌波门的栈（zhàn）桥（qiáo）上总有看日出的人们。一轮红日，满湖碧水，青山隐隐，绿树成荫。人们在欣赏美景时，可能并不知道，现在的东湖风景区是从湖对岸的海光农圃（nóng pǔ）发展起来的，它原本是一个私人花园，后来被捐献给了国家。它的主人叫周苍柏。

　　1888 年，周苍柏出生于武昌的一个富裕家庭。他的爷爷和父亲都是成功的商人，给他提供了良好的教育。他留学美国，在上海工作，后来又回到武汉。那时的中国还处在战乱中，他努力稳定金融市场，30多岁时就成为家乡有名的银行家。

看到落后的国家和屝弱（chán ruò）的国民，周苍柏十分痛心，他想要尽自己的力量做点什么。他开始在东湖边购买小块荒地（huāng dì），把这些荒地连成一片开办农圃，1931年开始免费向市民开放。农圃里有花园，还有苗圃（miáo pǔ）、桃林、动物园和鱼池。市民们可以在这里游玩，观赏花木，也可以从事劳作，锻炼身体。

周苍柏还请了农业专家进行指导，并在报纸上开设专栏，介绍农业生产的知识。当时的武汉四中组织学生们参观海光农圃，其中一个学生从此爱上了农业，选择报考农学院。这个学生名叫袁隆平。半个多世纪以后，在电视上，"杂交水稻（zá jiāo shuǐ dào）之父"袁隆平还常常谈到中学时代去海光农圃的那次参观。

周苍柏投入了大量财产，在十多年的时间里倾注（qīng zhù）了很多心力，"海光农圃"慢慢扩大到近30平方千米。今天东湖边的许多地方，都属于海光农圃。周苍柏很早就告诉自己的孩子，海光农圃不是留给你们的，是要给湖北人民的。1949 年，周苍柏主动提出，把"海光农圃"捐献给新中国，实现了自己一直以来的愿望。

现在的东湖风景区面积在"海光农圃"的基础上扩大了一倍，每年来游玩的国内外游客超过 1000 万人次，2022 年的中秋节当天，游客人数创下了近 20 万人的单日纪录。爸爸妈妈们推着童车遛娃（liù wá），年轻的情侣举着手机边走边聊，漂漂亮亮的老太太旅游团在拍照，慢跑的小姐姐戴着耳机，骑自行车的帅哥放着音乐一掠而过（yí lüè ér guò）。国泰民安（guó tài mín ān），人民幸福。阳光下，走进曾经的"海光农圃"，"东湖之父"周苍柏的铜像历经岁月，依然闪亮。

思考和讨论：

今天的课文中提到了楚庄王、屈原和周苍柏，你对他们中的哪一位印象最深？你的国家也有类似的人物吗？请谈一谈。

扩展阅读

[1] 雷刚. 大美东湖：武汉绿心[M]. 武汉：武汉出版社，2022.

[2] 涂文学. 东湖史话(修订本)[M]. 武汉：武汉出版社，2021.

[3] 方勤. 楚国八百年[M]. 北京：文物出版社，2022.

第四讲　长江和大桥

"一条大河波浪宽，风吹<ruby>稻花<rt>dào huā</rt></ruby>香两岸。"听到这优美的音乐、亲切的歌词，很多人会想起自己的家乡，想起家乡的河。《歌唱祖国》这首歌里的大河就是长江。

第一节　长江和武汉

　　长江是中国最长的河，它从西向东流过中国的大地。人们习惯把长江分成三段，叫作上游、中游和下游。从源头青海到湖北宜昌是长江上游，从宜昌到江西湖口是中游，从湖口到上海是下游。

　　武汉位于长江中游，长江在武汉附近拐了好几个弯，看上去像一个"W"，武汉就是这个"W"中间的尖顶。除了长江，武汉还有一条小一点儿的河叫汉江。汉江流入长江，就好像在

"W"上加上了第四声的声调"ˋ"，看上去像"Ẁ"。

如果说生活像一首歌，那么长江就是武汉人生活的背景音乐，伴随着武汉人走过一年四季。春天和秋天，人们去江边散步，夏天可以看到人们在长江和汉江里游泳，甚至冬天也有勇敢的冬泳者。游泳是武汉人很喜欢的运动方式，除了游泳馆和游泳池，也有不少人选择去长江和汉江游泳。这仅仅是因为可以不用花钱买票吗？不，他们会告诉你，在天空下、江水里自由地游泳，享受自然，有不一样的乐趣。

第二节 长　江

　　"你从雪山走来，你向东海奔去。"看到这两句话，很多中国人会唱出声来。这是一首当年很流行的老歌，叫作《长江之歌》。从雪山到东海，长江从西往东流过中国的大地，以6300多千米的长度，成为中国第一大河流、世界第三大河流。它的源头在中国西部的青藏高原。高高的雪山上雪水融化了，流到山下，一路汇聚大小溪流，自西向东，依次流过青海、四川、西藏、云南、重庆、湖北、湖南、江西、安徽、江苏、上海这11个省、自治区（zì zhì qū）和直辖市（zhí xiá shì），

中英对照

自治区
autonomous region

直辖市
municipality directly under the Central Government

中英对照

北纬
northern latitude

巴比伦
Babylonian

水稻
rice paddy

航运
shipping

中华鲟
Chinese sturgeon

白鳍豚
Yangtze river dolphin

直到成为一条浩荡的长河，最后流入东海。

长江流过的地区位于北纬(běi wěi) 30°线附近。这条线是文明起源的黄金地区，有河流，有雨水，还有充足的阳光，自然条件十分优越，非常有利于农业发展和人类生活。从人类的历史来看，北纬 30°线附近首先出现农业文明，比如古巴比伦(bā bǐ lún)文明、古埃及文明、古印度文明等，长江文明也在这条北纬 30°线上。世界上最早的水稻(shuǐ dào)，最早的丝绸还有最早的茶叶，都产生在长江流域。①

长江从西向东流过中国中部，带来了非常丰富的水资源，一方面可以直接用于航运(háng yùn)和发电。另一方面，多样的气候环境提供了丰富的自然条件，长江流域生活着多种多样的植物，也有不少神奇的动物，陆地上有可爱的大熊猫、金丝猴，江水里有珍贵的中华鲟(zhōng huá xún)、白(bái)鳍豚(qí tún)。

今天，长江流域的耕地面积约占全国耕地总面积的1/4，粮食产量占全国总产量的32.5%。

① 张正明. 在北纬30°线两侧——长江流域人类早期文明前景透视[J]. 长江论坛，1996(6).

也就是说，长江流域用大约 1/4 的土地，养育了全国约 1/3 的人口。① 长江流域形成了许多大的城市圈，经济十分发达，比如上游的成都、重庆城市圈，中游的武汉城市圈，还有下游的上海城市圈。上海和附近的城市群是中国线上购物最活跃的地方，买东西常常免邮费，让网友们非常羡慕，所以这里被网友们叫作
"jiāng zhè hù bāo yóu qū 江浙沪包邮区"。长江流域已经成为中国经济的重心。

📖 知识小贴士

全世界最长的三条河是：尼罗河（Nile）约 6670 千米，亚马孙河（Amazon）约 6400 千米，长江（the Yangtze River）约 6300 千米。

黄河（the Yellow River）全长约 5400 千米，是世界第六长的河流。

---

① 杨华. 长江文明研究［M］. 武汉：长江出版社，2020.

第三节　龟蛇锁大江

　　武汉的地理中心在哪里？有人说，就在长江和汉江交汇的地方。那里的长江边有两座山，江北边的叫龟山，江南边的叫蛇山。长江就被夹在两座山的中间，不能往北，也不能往南，只能向东流向大海。你看，长江像不像被龟山和蛇山锁住了？你听说过龟蛇锁大江的故事吗？

　　很久很久以前，洪水淹没了中国大地，长

江也泛滥成灾。大禹把治理长江的任务交给了一只神龟和一条神蛇，命令龟将军和蛇将军一定要消灭洪水，保护人们。

　　龟将军和蛇将军来到长江边，看到大雨不停地下着，江水越来越高，水里还有一个巨大的黑影。人们爬到树上，孩子们大声喊着："救命啊！""快救救我们！"一阵大风吹过，江水已经淹到树下，一个最小的孩子害怕地闭上了眼睛。

　　太危险了！龟将军和蛇将军十分着急。一道闪电划过，轰隆隆的雷声中，龟将军不见了，岸边出现了一只巨大的乌龟，四只爪子飞快地挖土，把堤岸堆得高高的，挡住了江水。蛇将军也不见了，水里出现了一条长长的大蛇，像船一样游到树下，把人们送到更安全的地方。人们欢呼起来："得救了！得救了！"

　　看到人们安全了，龟将军和蛇将军这才松了一口气。人们挤在一起，又哭又笑。就在这时，黑影又出现了。它轻轻一晃，一个比小山还高的浪从白茫茫的江水里升起来，冲破了堤岸，再次向人们扑来。人们惊叫着："水怪！水怪又来了！"原来，这里的长江里生活着一只

泛滥成灾
disaster caused by flooding

大禹
Yu the Great

将军
general（military rank）

水怪
river monster

霹雳
thunderclap

巨大的水怪。难怪洪水一直这么严重！

龟将军和蛇将军决心除掉这个水怪，他们勇敢地向水怪冲去。三天三夜过去了，大风大雨和雷电中，人们什么也看不清，只听到巨大的吼声。第四天，一声霹雳^{pī lì}般的巨响过后，雨停了，天晴了。人们惊奇地发现，江边多了两座山，江上浮着一个巨大的黑影，一动也不动。水怪死了，再也不会有洪水了！人们高兴极了。可是，龟将军和蛇将军怎么不见了？

人们找了很久，最后，一个孩子指着两座山说："看那儿！"温暖的阳光下，江北边的山圆圆的，江南边的山长长的，真像龟和蛇啊！人们惊呆了。两位将军，你们变成山了吗？一阵风吹过，山上的绿树摇摆着，好像在轻轻点头。

龟蛇变成了山，永远保护着长江边的人们。人们为了感谢他们，就把这两座山叫作龟山和蛇山。这就是龟蛇锁大江的故事。

📖 知识小贴士

"大禹治水"是中国古代的传说故事。大禹时代，中国经历了严重的洪水灾害，人们没有安全的地方住，也没有足够的食物吃。大禹花了十三年的时间走遍了全国，用疏导（shū dǎo）河道的办法消除了洪水，让人们的生活安定下来。在这十三年里，他几次经过自己的家，都因为太忙了而没有回家看妻子和孩子。人们非常感激他。武汉的长江边有一座"大禹神话园"，就是纪念这个古老的传说。

疏导
to dredge

大禹治水

第四节　万里长江第一桥

中英对照

天险
natural barrier

你知道长江上修建的第一座现代化大桥是哪一座吗？对，就是武汉长江大桥。在历史上，长江一直被认为是隔断南北的<ruby>天险<rt>tiān xiǎn</rt></ruby>，要过长江，只能坐船。不但人要坐船，就连火车也不例外。今天的京广铁路可以让人们从北京坐火车直达广州，中途不用转车。而在1957年以前，只有京汉铁路和粤汉铁路，前者从北京到武汉，后者从广州到武汉，中间横着一条长江。如果你想坐火车从北京到广州，火车会首先把你带到武汉。在武汉的江边有火车码头，火车会开进专门的火车<ruby>轮渡<rt>lún dù</rt></ruby>。就这样，人在车里，车在船上，船带着火车渡过长江以后，人们再继续坐火车前往广州。如果天气不好，轮船停航，南来北往的人们就要一直等下去。

在长江上建一座桥，是人们千百年来的愿望。中华人民共和国成立后，经过仔细选择，长江上的第一座大桥确定在武汉修建。全中国最优秀的工程师和工人们都汇聚到了武汉。在外国专家的指导下，人们发挥出最大的热情和干劲，从 1955 年 9 月 1 日动工修建，到 1957 年 10 月 15 日正式通车，只用了两年时间，比原计划提前了一年多。经过两年的建设，展现在人们眼前的是一座公铁两用桥，上层是公路，可以走汽车，下层是铁路，可以走火车。大桥通车的那一天，在 5 万多名群众激动的欢呼声中，汽车队从上面的公路开过大桥，一列火车带着毛主席像从第二层铁路开过大桥，气球和鸽子飞上了天空，到处都是红旗和鲜花。这历史性的一刻永远留在了武汉人的记忆里。

轮渡
ferry

武汉长江大桥是中华人民共和国成立后修建的第一座长江大桥，是中华人民共和国国家建设的重要标志。这座桥不但方便了武汉人的日常生活，更重要的是连接起京汉铁路和粤汉铁路，实现了京广铁路的全线贯通。在新中国国家建设开始的年代，大量物资需要快速运往全国各地，京广铁路的贯通具有特别重要的意义。从此，从武汉出发，人们不但可以坐船到达中国的东西，还可以坐火车到达中国的南北。中国中部的武汉真正成为了中国的交通枢^{shū}纽^{niǔ}。

第五节　霸榜的大桥

长江上有了第一座大桥！如果当年有热搜，武汉长江大桥一定可以霸榜（bà bǎng）。修建完工前，报纸上每天都有关于大桥的消息。人们像追星一样关心着大桥的建设，工程顺利的时候人人高兴，遇到困难了人人关心。修建完工后，通车的大桥像真正的明星一样，受到全国人民的热爱。人民币上有大桥，邮票上有大桥，粮票上有大桥，课本上有大桥，月历牌上

中英对照

霸榜
top on trending

中英对照

缝纫机
sewing machine

奢侈品
luxury goods

鸡精
chicken bouillon

络绎不绝
to come in an endless stream

也有大桥。武汉人尤其喜欢大桥，大桥牌商标出现在武汉的各种商品上。便宜的有大桥牌饼干、杯子、日记本，这些在当时是最受欢迎的武汉旅游纪念品。贵的有大桥牌钢笔、手表和缝纫机（féng rèn jī），这些是那个年代的奢侈品（shē chǐ pǐn），能买一件就能高兴一年，要是全都有，足够新娘子办场骄傲的婚礼了。现在，这些东西已经买不到了，但走进武汉人的厨房，你还能看到大桥牌鸡精（jī jīng），这是武汉人从小吃到大的味道。最有趣的是，那个年代出生的武汉人，很多都用"桥"来取名字。你认识的武汉大叔，说不定就叫张大桥、刘汉桥、李建桥呢。

大桥的建成，不但是武汉人生活中的一件大事，而且还产生了巨大的国际影响，前来参观游览的中外游客络绎不绝（luò yì bù jué）。据统计，从1957年通车到1965年底的短短七八年时间，大桥就接待内宾约8484批、366346人次，接待华侨、港澳台同胞约2740批、43205人次，还接待了来自蒙古、缅甸、越南、日本、尼泊尔、巴基斯坦、新加坡、伊朗、乌干达、利比亚、美国、加拿大、英国、法国、意大利等 142 个国家和地区的外宾约 6690 批、58658 人次。

六十多年过去了，武汉的江面上现在已经建成了十一座大桥，第十二座大桥也将于 2025 年前开工建设，另外还有五条过江隧道。可是说到旅游打卡，长江大桥依然是人们心目中的武汉地标。数不清的人在大桥前留下了自己的照片。2018 年英国首相来访，2019 年德国总理来访，武汉人亲切地称呼她们俩为梅姨和默婶。她们也和大桥合影了，你看见她们的照片了吗？那种兴奋的表情是不是也和普通游客一样？看来，武汉长江大桥的<ruby>魅力<rt>mèi lì</rt></ruby>依然不减呢。外地朋友来了，武汉人一定会带他们去长江大桥上走一走，照一张相。长江大桥是武汉人的骄傲，是中华人民共和国成立以来第一代武汉人的生活记忆。

中英对照

魅力
charm

思考和讨论：

1. 武汉人对长江大桥有什么样的感情？为什么？

2. 你的家乡有桥吗？请向同学们介绍它的历史。

扩展阅读

[1]杨华. 长江文明研究[M]. 武汉：长江出版社，2020.

[2]中铁大桥局. 武汉长江大桥[M]. 武汉：湖北美术出版社，2017.

[3]陈元玉. 民族艺术的奇葩：武汉长江大桥建筑艺术与护栏图案诠释[M]. 武汉：武汉大学出版社，2017.

第五讲 汉阳古琴台和琴台文化艺术区

中英对照

名胜
scenic spot

汉阳龟山脚下有一个风光秀丽的湖，叫月湖，位于月湖边的古琴台与黄鹤楼、晴川阁并称武汉三大名^{míng shèng}名　胜。在第二讲中，我们已经了解过黄鹤楼和晴川阁，这一讲我们将介绍古琴台。古琴台又叫伯牙台，是为纪念伯牙和钟子期的知音故事而修建的。这个故事在中国流传了大约2300年。

第一节　伯牙和钟子期的传说

传说楚国有个音乐家叫伯牙，他跟着老师学琴好几年了，学会了各种<ruby>演奏<rt>yǎn zòu</rt></ruby>的技巧。但是老师认为弹琴不仅要有技巧，更重要的是理解音乐的精神。于是，他让伯牙到东海蓬莱寻找更<ruby>高明<rt>gāo míng</rt></ruby>的老师。蓬莱是一个风景优美、无人居

中英对照

演奏
to play a musical instrument

高明
wise

顿悟
sudden enlightenment

契合
to correspond with

境界
realm

乐师
musician

高雅
elegant

动人
moving

樵夫
woodcutter

惊讶
surprised

住的小岛。伯牙身处孤岛，每天听到的就是风声、海浪声、鸟叫声，忽然有一天，伯牙**顿悟**，这些大自然的美妙声音不就是最好的音乐吗？伯牙明白了，老师是用这种方法使他认识到音乐要与自然相**契合**。

在这之后，伯牙的琴艺达到了非常高超的**境界**，当上了楚王宫的**乐师**。他演奏的音乐**高雅**神奇，但没有人真正懂得他的音乐。有一次，伯牙乘船顺汉水而下，经过汉阳时，忽然刮起了大风，船无法靠岸，于是只好顺着风继续前行。风浪平静下来以后，船停靠在江岸的小山下。这时，云渐渐散去，月亮出来了，江面的夜色十分**动人**。伯牙被眼前的美景打动，于是在船头弹起琴来。这时，从龟山上走下来一个**樵夫**，听到伯牙的琴声就大声称赞。伯牙十分**惊讶**，他不相信一个樵夫居然听懂了自己的音乐。这个樵夫就是钟子期。伯牙弹琴时心里想到了什么，钟子期都能从琴声中听出来。当伯牙弹琴想到高山时，钟子期说："听到你的琴声，我仿佛感受到高高的泰山就屹立在我面前。"当伯牙想到流水时，钟子期又说："听到你的琴声，就好像宽阔的河流在我心中奔腾不息。"伯牙非常激动和高兴，他一直渴望找的"知音"，今天竟然遇到了！于是他们相约明年这个时候还要来相会。

　　一年后，伯牙回到他们第一次相遇的地方，可是却没有等到钟子期，原来钟子期已经因病去世了。伯牙伤心极了，他来到钟子期的坟前，流着泪为他弹琴。一曲弹完，伯牙伤心地说："知音已逝，世界上再没有人听得懂我弹的曲子了。"失去了钟子期这样的知音，弹琴还有什么意义？于是伯牙把琴摔碎，从此不再弹琴了。这就是"高山流水遇知音"的故事，"知音"这个词后来成为中国人对真诚的知心好友的特称。

　　庄子说，君子之交淡若水，小人之交甘若醴。君子之间的交往平淡得像白开水一样，而小人之间的交往甘甜得像甜酒一样。意思是君子之间的交往更加纯粹，不包含任何功利之心，他们追求的是精神的共鸣。伯牙和钟子

中英对照

屹立
to stand towering like a giant

奔腾不息
to ceaselessly surge forward

纯粹
pure

功利
utility

共鸣
resonance

典范
model

古琴
Chinese Guqin

经典
classic

飞行器
aircraft

太空
outer space

宇宙
universe

播放
to broadcast

古琴曲《流水》
演奏片段

期就是君子之交的典范（diǎn fàn），代表了友情的最高境界。

📖 知识小贴士

古琴（gǔ qín）曲《高山流水》

古琴在中国至少有 3000 年的历史，伯牙弹奏的《高山流水》是一首经典（jīng diǎn）的古琴曲子。1977 年，美国探索者一号飞行器（fēi xíng qì）将世界 27 首著名乐曲带入太空（tài kōng），其中就有古琴曲《高山流水》。人类让这些乐曲在宇宙（yǔ zhòu）中长期播放（bō fàng），希望能与地球外的文明交流，产生共鸣。

第二节　古　琴　台

　　听完"高山流水遇知音"的故事，你有什么感受呢？如果希望进一步了解，可以到汉阳的古琴台游览。古琴台在龟山脚下美丽的月湖边，传说这里就是伯牙和钟子期相遇的地方。

　　伯牙和钟子期的故事流传久远，为了纪念他们，北宋时人们就曾经修建过古琴台，但其多次被毁，清代时又重建。现在的古琴台是根

园林
garden

碑廊
stele gallery

照壁
wall with inscriptions

怀古
meditate on the past

刻
carve

御书
writing authorized by the emperor

门额
inscription board located on top of a door

手迹
original handwriting

石刻
stone inscription

碑记
inscriptional record

精品
fine work

草书
cursive script

感慨万千
to be overcome with emotion

诗兴大发
to have a strong urge to write poetry

摹刻
to copy by carving

据清代古琴台的样子修复、扩建而成的。古琴台是一处中国园林建筑群，不仅有琴台，还包括前门、碑廊、照壁、琴堂等一系列建筑。

自明代和清代以来，古琴台就是文人们游览和怀古的地方，他们在这里留下了很多艺术珍品。进入古琴台大门后，迎面的照壁上刻有"印心石屋"四个字，是清代皇帝的御书。照壁东边又有一个门，门额上的"琴台"两个字据说是宋代大书法家米芾的手迹。进入这道门后就是碑廊，碑廊里面有许多古代诗文的石刻和重修琴台的碑记，每一幅作品都是书法和石刻精品。其中最珍贵的是清代书法家宋湘用草书书写的《琴台题壁诗》。据记载，大书法家宋湘78岁时来古琴台游玩。游览后，他感慨万千，诗兴大发，当时随行的人没有准备笔墨，于是他用竹叶代替毛笔，在墙壁上写下了诗作。后人把他的诗作摹刻下来，保存到现在。碑廊对面是一个六角亭，登上亭子可以欣赏月湖风光：梅子山与龟山<ruby>倒映<rt>dào yìng</rt></ruby>在湖中，水光与山色<ruby>融合<rt>róng hé</rt></ruby>在一起，就像一幅<ruby>水墨画<rt>shuǐ mò huà</rt></ruby>。

再向前走就是琴堂，它是古琴台的主要建筑。琴堂的门额上挂着"高山流水"<ruby>匾<rt>biǎn</rt></ruby>。琴堂的四周有走廊，顺着走廊走到琴堂的背面，在这儿可以坐下休息，欣赏月湖美景。琴堂前面是<ruby>汉白玉<rt>hàn bái yù</rt></ruby><ruby>砌<rt>qì</rt></ruby>成的琴台，传说是伯牙当年抚琴的地方。琴堂西边有"伯牙会钟子期"的雕塑，这组雕塑是 20 世纪 80 年代湖北美术学院的老师创作的。如果你来到这里，可以先看看，猜一猜哪位是伯牙，哪位是钟子期。只见伯牙腰上佩戴着短剑，他弯着腰向前，与樵夫打扮的钟子期双手相握，表情中带着见到知音的喜悦，身后站着双手捧琴的琴童。钟子期身躯挺直，感动中并不见<ruby>卑微<rt>bēi wēi</rt></ruby>。这座雕塑静静地立在那里，似乎在告诉人们遇到知音是多么难得和宝贵：春风满面皆朋友，欲觅知音难上难！（笑脸相迎的朋友很多，知心的人却难以找到。）

古琴台的面积不大，很快就可以游览完。当我们在幽静的园林里漫步，想到"高山流水遇知音"的故事就发生在这里，不知不觉自己的情感也得到了一次<ruby>陶冶<rt>táo yě</rt></ruby>。

第三节　琴台文化艺术区

琴台文化
艺术区

2000年后，在古琴台所在的月湖公园内陆续修建了琴台大剧院、琴台音乐厅和琴台美术馆，它们一起构成琴台文化艺术区。现在这里是武汉 xīn xīng **新兴** 的文艺地标，去琴台美术馆看展览，到琴台音乐厅听音乐会，在琴台大剧院欣赏精彩的演出，成为武汉人文化生活中的重要内容。人们选择来这儿，一是因为这里的演出和展览常常是最高水平的，要欣赏 dǐng jí **顶级** 的艺术，

中英对照

新兴
newly emerging

顶级
top-level

琴台是首选之地；二是这里依山傍水，环境清幽，是静心地欣赏音乐、感受艺术的好去处。

琴台大剧院是武汉最高档的艺术表演场所，也是"中国十大剧院"之一。大剧院的设计灵感来自古琴文化，站在剧院前的广场看这栋建筑，大剧院就好像一架正在演奏着乐曲的古琴，向外伸展的部分就好像流动的琴弦。走进大剧院的观众厅，会立刻感受到高雅而庄重的气氛，观众厅的主色是红色，厅内共分为三层，一层有 1213 个座位，二层和三层分成 20 个大小不同的露台式包厢，整个观众厅可以同时容纳 1802 位观众观看演出。

琴台大剧院于 2007 年建成，10 多年来平均每年有 200 多场演出，包括歌剧、舞剧、音乐剧、大型歌舞、喜剧、话剧等，可以满足不同年龄和爱好的观众的需求。如果你喜欢看各种表演，琴台大剧院一定会带给你难忘的体验。

剧院内还有一个钢琴博物馆，就在一楼艺术展区。这家钢琴博物馆内收藏（shōu cáng）了 300 多台钢琴，有一些古董（gǔ dǒng）钢琴有 150 多年的历史，有的琴键是用象牙制成的，有的琴键是用玉石制成的，非常精美。

琴台音乐厅建成于 2009 年。这栋建筑与琴台大剧院面对面矗立（chù lì），设计上也和后者相呼应（hū yìng）。建筑正面看起来像一根根琴弦，顶部的形状看起来像起伏的流水。两栋现代建筑与古琴台隔着月湖相望，古今对话。音乐厅的观众厅主要包括一间 1600 个座位的交响乐（jiāo xiǎng yuè）厅和一间 415 个座位的室内乐厅。琴台音乐厅拥有最顶级的音效（yīn xiào），管风琴（guǎn fēng qín）更是世界一流，来这里欣赏音乐一定会带给观众非同一般（fēi tóng yī bān）的感受。

琴台音乐厅是众多音乐爱好者向往的艺术殿堂（diàn táng），因为来这里可以欣赏到世界一流和中国一流的演奏家（yǎn zòu jiā）和乐团的演出。琴台音乐厅

收藏
collect

古董
antique

矗立
to stand erect

呼应
to echo

交响乐
symphony

音效
acoustics

管风琴
organ

非同一般
extraordinary

殿堂
palace hall

演奏家
performer

正襟危坐
to sit stiff and proper

小众
minority

通俗
popular

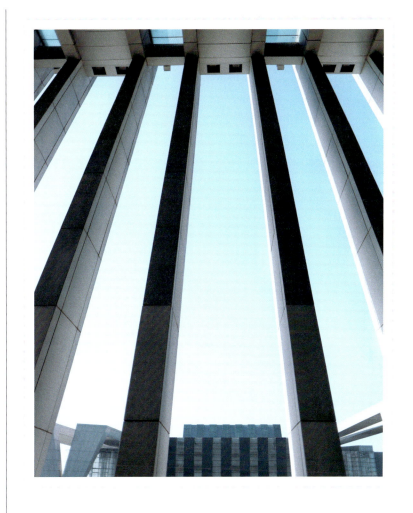

自建成到现在十多年来，"全球十大交响乐团"
里有 8 个乐团曾经在这里表演过。当然，在音
乐厅 正襟危坐 欣赏高雅艺术可能是 小众 的
选择。从近年来的演出节目可以发现，除了交
响乐、钢琴、歌剧等，一些比较 通俗 的音乐
形式也走进了琴台音乐厅。所以，琴台音乐厅

并不是<ruby>曲<rt>qǔ</rt></ruby><ruby>高<rt>gāo</rt></ruby><ruby>和<rt>hè</rt></ruby><ruby>寡<rt>guǎ</rt></ruby>的艺术高地，而是<ruby>雅<rt>yǎ</rt></ruby><ruby>俗<rt>sú</rt></ruby><ruby>共<rt>gòng</rt></ruby><ruby>赏<rt>shǎng</rt></ruby>的文艺天地。即使你不具有专业的音乐知识，只是对音乐感兴趣，走进音乐厅，你也可以全身心地感受艺术<ruby>氛<rt>fēn</rt></ruby><ruby>围<rt>wéi</rt></ruby>，给平凡的生活增加一些<ruby>艺<rt>yì</rt></ruby><ruby>术<rt>shù</rt></ruby><ruby>气<rt>qì</rt></ruby><ruby>息<rt>xī</rt></ruby>。

📓 知识小贴士

琴台音乐节

从 2012 年开始，每年的 11 月 3 日到 12 月 3 日，武汉市政府都会举办琴台音乐节。音乐节的演出内容包括不同的音乐类型，有高雅的剧场音乐、古琴表演，也有流行音乐演出，此外，还有市民音乐<ruby>沙<rt>shā</rt></ruby><ruby>龙<rt>lóng</rt></ruby>和大合唱。音乐节的主要演出活动都在琴台音乐厅举行。每一届音乐节期间，琴台音乐厅都会迎来顶级的著名乐团和演奏家。与此同时，这个大规模的音乐节也可以让更多普通市民接触音乐、享受音乐，近距离欣赏高水平的音乐节目。

曲高和寡
caviar to the general

雅俗共赏
to appeal to all

氛围
atmosphere

艺术气息
artistic atmosphere

沙龙
salon

中英对照

亮相
make a public appearance

社交媒体
social media

连绵起伏
a continuous rise and fall

层层叠叠
tier upon tier

梯田
terraced fields

在琴台，除了欣赏音乐和看剧场演出外，还能做什么？那就是逛美术馆！2022 年 12 月底，琴台美术馆正式<ruby>亮 相<rt>liàng xiàng</rt></ruby>。这是武汉第三座当代艺术馆（汉口的武汉美术馆和武昌的合美术馆分别在 2008 年、2014 年投入使用），也是华中地区最大的当代艺术展馆。

琴台美术馆一亮相就成为<ruby>社交媒体<rt>shè jiāo méi tǐ</rt></ruby>上的热门话题，因为这栋建筑的设计非常独特。琴台美术馆建筑本身就是一件艺术品。美术馆的外形好像<ruby>连绵起伏<rt>lián mián qǐ fú</rt></ruby>的山丘，又像<ruby>层层叠叠<rt>céng céng dié dié</rt></ruby>的<ruby>梯田<rt>tī tián</rt></ruby>，与周围的月湖、梅子山自然地融合

在一起。从二楼平台出来，有一条步行栈道_{zhàn dào}

环绕_{huán rào}整个屋顶。游客可以在栈道步行，随便站在什么地方拍照，都很有艺术感。

琴台美术馆为观众提供了非常多元化_{duō yuán huà}的展览，在这里可以欣赏到国内外的优秀艺术作品。开馆后最大规模的展览是"2022年武汉双年展_{shuāng nián zhǎn}"，这是湖北美术史上学术性_{xué shù xìng}和创新性_{chuàng xīn xìng}最高的艺术双年展。据统计，从2022年12月28日至2023年5月31日，在6个月的展期内，总共有80万人次参观。

近些年，武汉的艺术气氛越来越浓厚_{nóng hòu}了，有很多新开的美术馆，各种展览也非常丰富，去美术馆成为人们度过周末和假期的新选择。艺术让城市文化更丰富，也让这座古老的城市充满了活力_{huó lì}。

中英对照

栈道
plank road

环绕
surround

多元化
diverse

双年展
biennial exhibition

学术性
academic nature

创新性
innovativeness

浓厚
dense

活力
energe

思考和讨论：

听了"高山流水遇知音"的故事，你有什么感想呢？关于友情，你的国家有什么故事吗？请给我们讲一讲。

扩展阅读

[1] 罗时汉. 古城汉阳 [M]. 武汉：武汉出版社，2017.

[2] 张慧兰，王汉伟. 高山流水 [M]. 武汉：武汉出版社，2013.

第六讲　宝通寺和长春观

中英对照

佛寺
Buddhist temple

道观
Daoist temple

疲惫
to be worn out

安宁
peace

静谧
tranquility

　　宝通寺和长春观，前者为佛寺（fó sì），后者为道观（dào guàn），这一寺一观是武汉人宗教生活中不可缺少的一部分。武汉人来到这里，不一定是因为信奉佛教或道教，但是小小的一块地方，却能使人从每天繁忙的生活中暂时离开，让疲惫（pí bèi）的心灵在幽静的古建筑里得到休息，享受一份难得的安宁（ān níng）和静谧（jìng mì）。

第一节 宝 通 寺

在武汉市武昌区大东门外洪山南麓，有一座佛教寺院——宝通寺。宝通寺历史悠久，至今已有 1600 多年历史，具有丰富的佛教文化底蕴和深厚的传统文化内涵，是武汉四大丛林之一。占地面积差不多 11.22 万平方米，是中南地区城市中最大的寺院。

洪山原名东山，魏晋时期建有东山寺，唐

云游
(of a Buddhist
monk or a Daoist
priest) to roam

法号
Buddhist name

金碧辉煌
resplendent and
magnificent

焕然一新
to take on an entirely
new look

代改叫弥陀寺。也是在唐代，洪州(今江西南昌市)开元寺的善庆和尚<ruby>云游<rt>yún yóu</rt></ruby>到随州大洪山修建了灵峰寺。善庆和尚去世前，把自己的双足留在寺院内，表示死后也要为百姓的幸福奔走，这双"佛足"成为灵峰寺的镇寺之宝。皇帝为此赐给善庆和尚"慈忍大师"的<ruby>法号<rt>fǎ hào</rt></ruby>。南宋时，灵峰寺僧人和"佛足"被转移到弥陀寺。弥陀寺扩建以后，被赐名崇宁万寿禅寺，东山也改称洪山。元代末年，万寿禅寺在战争中被毁。1485 年，明宪宗将重建后的寺院更名为宝通禅寺，寺院在明代末年再次被毁。到了清代，清政府多次对宝通寺进行重修和扩建，《广阳杂志》中说，整个庙宇<ruby>金碧辉煌<rt>jīn bì huī huáng</rt></ruby>，天下少有，宝通寺在当时被称为武昌佛寺之首。可惜的是，宝通寺后来还是没能逃过战争的破坏，现在的建筑大部分是清代同治四年到光绪五年间(1865—1879 年)留下来的。1952 年和 1953 年，武汉市人民政府两次修建，使宝通寺<ruby>焕然一新<rt>huàn rán yī xīn</rt></ruby>。1983 年，宝通寺被国务院确定为汉族地区佛教全国重点寺院和全国汉传佛教重点开放寺院。1992 年，宝通寺成为湖北

^{wén wù}
省文物保护单位。

宝通寺是一座典型的皇家寺院。历史上，宝通寺曾得到 10 位皇帝和 6 位王侯的关心和保护，成为三楚第一佛地。这 10 位皇帝是唐文宗、唐武宗、宋理宗、元世祖、明太祖、明英宗、明代宗、明宪宗、明神宗和明光宗，6 位王侯是明昭王、庄王、靖王、康王、瑞王、璧山侯。

📖 知识小贴士

归元寺是武汉四大丛林之首，另外三座寺院分别是宝通寺、古德寺和莲溪寺。丛林是什么意思呢？^{fàn wén}梵文"贫婆那"翻译成中文就是丛林的意思，指大寺院，僧人聚居的地方，所以四大丛林就是四大寺院。不过，丛林通常是指^{chán zōng}禅宗寺院。

第二节　宝通寺之旅

中英对照

上香
to burn incense

祈福
to pray for blessings

不管你信不信佛，宝通寺都是个游览胜地。那么，来宝通寺可以玩什么呢？

一、上香祈福
shàng xiāng qí fú

宝通寺里，上香的人来来往往，春节的时候人是最多的，不少武汉市民来祈求新的一年平安顺利、万事如意。游客可以在佛像前说出自己的心愿，也可以买一根祈福带，写下自己的心愿。大殿前有挂祈福带的地方，要挂得高高的，这样才能早点儿实现心愿。还有人把祈福带挂在大殿前的银杏树上，红色的祈福带和黄色的银杏树叶一起在风中飘扬，有种热闹而不失 <ruby>庄重<rt>zhuāng zhòng</rt></ruby> 的美。什么愿望都可以，有祈求健康平安的，也有祈求学习、工作顺利的，还有求爱情的。如果你现在还是一个人，就来宝通寺挂一根祈福带吧。

二、看古迹，赏美景

进入宝通寺后，建议按照这样的顺序游览：进入寺门后，先过圣僧桥，然后穿过弥勒殿、大雄宝殿、玉佛殿，上山后可以看见万佛殿和罗汉堂，经过华严洞，最后登洪山宝塔。

作为中南地区城市中最大的寺院，在历史长河中留存至今，当然有不少古迹和文物，著名的有宋钟、元塔和明狮。寺院中有两口钟，其中之一是"万斤钟"，钟上的铭文只有"嘉熙庚子七月中元汉东孟珙撰"13 个字还能辨认，由此可知，万斤钟是孟珙在南宋嘉熙四年（1240 年）造的。另一口钟的时间就晚得多了，是清代光绪六年（1880 年）造的。元塔就是洪山宝塔，修建于元代，用了 11 年才建成。原名灵济塔，是为了纪念灵济慈忍大师而建的。

中英对照

庄重
solemnity

宝通寺弥勒殿

宝通寺洪山宝塔

明代随寺院一起改名宝通塔，因为在洪山上，也被叫作洪山宝塔。后来，洪山宝塔多次被毁，又多次重建。中华人民共和国成立后，政府对洪山宝塔进行了维修。今天人们看见的这座宝塔，七层八面，高约44米。从宝塔里的楼梯可以爬到塔顶，把整个宝通寺的美景都收入眼中。看明狮，得去弥勒殿，这对明代的石狮子就在弥勒殿前，为寺院增加了威严（wēi yán）的气氛。

三、素菜馆美食

对游客来说，游览完宝通寺，一定会去寺院的素菜馆（sù cài guǎn）吃饭。宝通寺的素菜从建寺以来传到今天，即使不信佛，品尝素菜馆的斋饭也不失为一次美食体验。只看菜单，一定想不到这是一家素菜馆，因为菜单上有五香牛肉、鱼香肉丝、干煸糍粑鱼这样经典的**荤菜**。看起来有鱼又有肉，实际上都是豆腐之类的豆制品。

四、洪山菜薹

洪山菜薹是向皇帝**进贡**的湖北特产，曾被封为"金殿御菜"。无论从味道还是营养上看，洪山菜薹都是蔬菜中的**佼佼者**。值得一提的是，最好的洪山菜薹就生长在宝通寺中。民间传说"塔影钟声映紫菘"，这里的"塔"指洪山宝塔，"钟"指宝通寺的寺钟，"紫菘"是洪山菜薹，意思是在能听到宝通寺钟声的地方种的洪山菜薹才是最**正宗**、味道最好的。

五、宝通寺寺猫

寺院后山有 30 多只**流浪猫**，还有一些喜欢在前面的寺院活动。这些寺猫，有的是自己跑来的，有的是被**放生**的，有的是被**遗弃**的，

荤菜
meat dishes

进贡
to pay tribute

佼佼者
an outstanding person

正宗
authentic

流浪猫
stray cat

放生
to set them free

遗弃
to abandon

还有不少在这儿出生的小猫，主要靠寺院的僧人和志愿者喂养。游客可以捐猫粮和猫屋，还可以免费 领养(lǐng yǎng) 小猫。只要加个微信，就可以把小猫带走，唯一的条件是：如果不想养了，必须把猫送回来，不能随便遗弃。

📖 知识小贴士

武昌城内有三塔，洪山宝塔、无影塔与胜像宝塔。无影塔又称兴福寺塔，在离洪山宝塔不远的洪山公园里，是武汉市现存最古老的石塔。传说在每年夏至中午，兴福寺塔的塔身都没有影子，所以有了"无影塔"这个名字。元代的胜像宝塔现在在黄鹤楼景区内，是武汉市现存的唯一一座 喇嘛(lǎ ma) 式白塔。塔高 9.36 米，塔宽 5.68 米，并刻有精美的 花纹(huā wén) 和梵文。因为塔分地、水、火、风、空五轮，也称"五轮塔"。

第三节　长　春　观

长春观

长春观在武昌大东门外的双峰山上，道观门外是武昌非常繁华的一条主干道——武珞路，这条路上每天chē shuǐ mǎ lóng车水马龙，人来人往，热闹极了。可是，只要走进长春观，一切xuān xiāo喧嚣都被留在门外。

中英对照

车水马龙
to be crowded with people and vehicles

喧嚣
noisy

中英对照

弟子
disciple

道号
Daoist monastic name

　　《元史》中有记载，丘处机道长因劝说元太祖成吉思汗敬天爱民、少杀人而受到成吉思汗的尊敬和信任，并留下"一言止杀"的传说。丘处机和他的dì zǐ弟子帮助了很多难民，难民为了感谢丘处机的恩德，修建了长春观来纪念他。还有一种说法，长春观是丘处机的弟子修建的。不过，道观的名字来自丘处机的dào hào道号"长春子"，这是毫无疑问的。

　　长春观一建好，就成为湖北最著名的道观，所谓"江楚名区，道子云集之处，黄冠皈依之所"。长春观现在也是中国道教著名十方丛林之一和全真教派天下四大丛林之一。道观在明代永乐十二年（1414 年）和清代康熙二十六年（1687 年）进行过维修和重建，可惜后来还

是没能逃过战争的破坏。道士何合春在1863年按照明代风格重建了长春观。1931年又有一次较大的维修，最后形成一个分为左、中、右三路依山而上的建筑群。左边是长春堂、吕祖殿、方丈堂等，再往左走，还有财神殿、道藏阁和王母殿。右边有甲子殿、文昌殿、祖师殿等。中间依次是灵官殿、太清殿、七真殿、会仙桥和三皇殿。1982年，长春观被国务院定为重点开放道观。

　　一进道观就是灵官殿。王灵官是道教的护法神，他有火眼金睛，能biàn bié**辨别**真假和善恶。中国民间有"三眼能观天下事，一鞭惊醒世间人""上山不上山，先拜王灵官"等sú yǔ**俗语**。太清殿中可以看见太上老君的神像，还有许多壁画，

中 英 对 照

引人注目
to attract attention

天文学
astronomy

主持
abbot

屋檐
eave

其中《老子西出函谷关》和《老子讲道德经》两幅画非常<ruby>引人注目<rt>yǐn rén zhù mù</rt></ruby>。太清殿后有七真殿，这是长春观的主殿，是道士每天诵经的地方，重要的宗教活动也在这儿举行。七真殿中供奉全真教七大弟子，丘处机正是七人之一。继续往上走，就到了会仙桥，传说在这座桥上能遇到神仙。再往上，是长春观的最高点——三皇殿，"三皇"即华夏民族的祖先：太昊伏羲氏、炎帝神农氏和黄帝轩辕氏。站在三皇殿外往下看，热闹的武珞路、大东门与安静的长春观，就像两个世界。

来长春观，一定不能错过著名的"三绝"：天文图、道藏阁和"甘棠"石刻。中华人民共和国成立时，国内有三块天文图，一块在杭州玉皇山，一块在陕西，还有一块在长春观。杭州和陕西的两块后来被毁了，只留下长春观的这块，因此成为非常珍贵的<ruby>天文学<rt>tiān wén xué</rt></ruby>文物，对研究古代天文学有很高的价值。这是第一绝。

清末长春观<ruby>主持<rt>zhǔ chí</rt></ruby>侯永德受西方思想影响，把欧式风格和中式风格结合，修建了全国唯一的以欧式建筑为主体的道藏阁。在道藏阁<ruby>屋檐<rt>wū yán</rt></ruby>

上有用<ruby>水泥<rt>shuǐ ní</rt></ruby>堆塑的传统花饰，这种<ruby>工艺<rt>gōng yì</rt></ruby>现在已经<ruby>失传<rt>shī chuán</rt></ruby>了。这是第二绝。

第三绝为清代乾隆皇帝亲书的"甘棠"石刻，这是在道教建筑中少见的帝王题词。"甘棠"旁边还有小字"乾隆癸巳"，用的是中国传统纪年法。乾隆癸巳即乾隆三十八年，公元1773年。这块石刻本来在山后崖壁上，现在被放在道藏阁前。

思考和讨论：

今天的课文中介绍了宝通寺和长春观，除了佛教和道教，在中国还有哪些主流宗教？你觉得中国人是如何看待宗教的？

扩展阅读

[1]严昌洪. 武昌掌故[M]. 武汉：武汉出版社，2019.

[2]许颖，马志亮. 武昌老建筑[M]. 武汉：武汉出版社，2019.

第七讲　江汉路和汉口历史文化风貌区

第一节 汉口——华中地区最繁华的商业之都

和拥有 1800 多年历史的武昌和汉阳相比，汉口是一个"年轻"的城镇。500 多年前，汉水改道，原来的汉阳分成了两个部分，形成南、北两岸，汉水南岸仍然叫汉阳，而汉水北岸这片新的地方成为今天的汉口。

自明代和清代以来，汉口的商业发展很快。汉口发达的商业得益于水运（shuǐ yùn）的优势。依靠两大"黄金水道"——长江和汉水，汉口成为中国中部地区重要的商品集散（jí sàn）地。19 世纪中期，汉口发展成长江中游最大的码头城市（mǎ tóu chéng shì）和最重要的贸易中心。各地的商船汇聚（huì jù）在此，通往长江和汉水沿岸的各个城镇。

1861 年，汉口被辟为对外通商口岸，也就是"开埠（kāi bù）"。之后几十年，大量工厂、外国贸易公司、商号（shāng hào）纷纷兴起，汉口的对外贸易发展迅速。到 20 世纪初，汉口成为仅次于上海的第二大国际贸易口岸。随着对外贸易的发展，

中英对照

水运
water transport

集散
to collect and distribute

码头城市
port city

汇聚
to converge

开埠
port opening

商号
firm

汉口成为中国中部最重要的国际化商业城市。到 20 世纪 30 年代，汉口已经具有了现代都市的规模和实力，人口增加，城市面积不断扩大，商业贸易、金融业（jīn róng yè）发达，成为中国中部最重要的交通枢纽（jiāo tōng shū niǔ）和对外交流中心城市。此时的汉口，其名气和繁华已经超过了拥有 1800 多年历史的武昌和汉阳。

第二节　江汉关大楼和江汉路

逛逛江汉路、看看江汉关大楼，在大楼前拍照打卡——几乎所有到汉口的游客都会体验一下。否则，就不能说来过汉口。这两个地方为什么这么重要呢？

江汉关是 1861 年汉口开埠后，清朝政府设立的海关。江汉关的设立，把对外贸易的管

中英对照

海关
customs

理制度引入了武汉，使汉口与外国的通商走上了 **正轨**（zhèng guǐ），汉口也因此从一个中国内陆的商业码头城市逐渐发展为一个国际化商埠。可以说，江汉关是汉口开埠的见证，也是武汉走向开放和现代化的象征。武汉江汉关与上海江海关、天津津海关、广州粤海关并称为中国近代四大海关。

江汉关大楼曾经是武汉海关的办公楼，建成于1924年。它不仅规模宏大，更是优美的建筑精品。大楼融合了欧洲 **文艺复兴**（wén yì fù xīng）时期的建筑风格和英国钟楼的建筑形式，由主楼和钟楼两部分组成，主楼四层，钟楼也是四层。大楼占地面积1400平方米，建筑面积4109平方米，总高度45.85米，是武汉当时最高的建筑。大楼的外墙用大件 **花岗石**（huā gāng shí）建造，四面有 **廊柱**（láng zhù）装饰，墙面、**山花**（shān huā）、**窗楣**（chuāng méi）以及大门入口处，都采取艺术 **造型**（zào xíng）处理。自1924年建成到现在，江汉关大楼一直被视为汉口最重要的地标之一。

最让老百姓 **津津乐道**（jīn jīn lè dào）的是大楼顶上的钟楼。钟楼的四面有 **直径**（zhí jìng）大约4米的大钟。大钟每天整点敲钟报时，为了不影响周边居民休息，晚上9点后不再敲钟，直到次日早上8点再敲。如果你来到这里，也可以听一听整点报时的钟声再走。过去，在没有高楼的年代，江汉关的钟声可以随着江风传很远，曾经是武汉人生活中不可缺少的声音。现在，每到跨年夜，江汉关会敲响跨年的钟声，很多武汉市民喜欢来这里，听着钟声跨入新的一年，这是属于武汉人的新年仪式感。

　　江汉关大楼位于汉口沿江大道与武汉最繁华的商业街——江汉路的交汇处，地理位置非常优越。沿江大道在此处拐弯，设计师把大楼安放在向江面突出的拐角处，让大楼的正面挺立出来，展现在人们的眼前。过去，人们乘船进入汉口港，在船上远远就能看见立在岸上、高大雄伟的江汉关大楼；现在，游客从江边步行逛江汉路，或者坐旅游巴士经过沿江大道时，看到的最醒目的建筑还是江汉关大楼。

　　2015年，这座过去的海关办公大楼被改为

跨年夜
New Year's Eve

跨
to step across

仪式感
a sense of ritual

优越
superior

挺立
to stand upright

展现
to show

醒目
eye-catching

江汉关博物馆

江汉关博物馆。博物馆里收藏着与武汉近代历史有关的各类文物，在这里，参观者可以回顾汉口的<ruby>往昔<rt>wǎng xī</rt></ruby>。如今，1924 年建成的江汉关大楼马上 100 岁了，它依然挺立在长江之畔，与这个城市一起迎接未来。

武汉人常说，不去江汉路，就等于没来过武汉。确实如此。江汉路是武汉名声最<ruby>响亮<rt>xiǎng liàng</rt></ruby>的商业街，令本地人自豪，让外地人<ruby>神往<rt>shén wǎng</rt></ruby>。江汉路位于汉口中心城区，东南起自江汉关大楼，向西北延伸，一直到京汉大道，全长约 1600 米。

江汉路的发展与汉口近现代历史有密切关系。清朝时期，江汉路只是一条狭窄的土路。由于这里靠近江边港口，往来贸易便利，所以一直很热闹。商人们<ruby>集资<rt>jí zī</rt></ruby>整修了这条马路，为它取了"广利巷"这个吉利的名字。1861 年汉口开埠后，英国人在广利巷旁边建起了租界。广利巷成了租界和华界之间的<ruby>界线<rt>jiè xiàn</rt></ruby>路。为了方便商贸，汉口当局改建了广利巷，把它改造成碎石马路，又改名为"太平路"。19 世纪末到 20 世纪初，汉口的商业贸易快速发展，民族

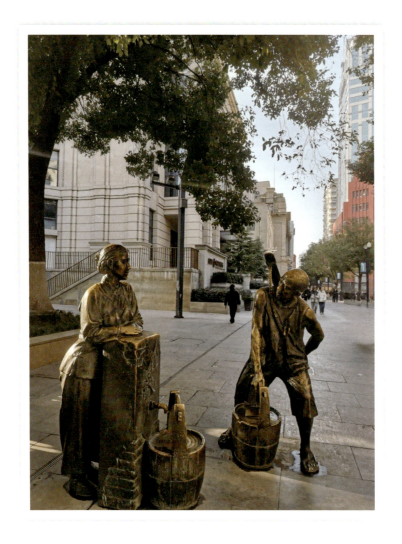

雄厚
abundant

江汉路

资本家迅速兴起，太平路一带街区成为繁华的商业中心。1927 年，当时的政府收回英租界后，正式把这条路定名为"江汉路"。之所以叫"江汉路"，当然是因为路的南端起自江汉关大楼。之后，更多实力雄厚（xióng hòu）的民族资本家进入这条过去的界线路，开办商号，修建银行，创立报馆。此时，高楼林立，商业繁荣的江汉路已成为<ruby>当之无愧<rt>dāng zhī wú kuì</rt></ruby>的"汉口第一路"。

如今，江汉路是<ruby>享誉全国<rt>xiǎng yù quán guó</rt></ruby>的商业街之一，与北京的王府井大街、上海的南京路一样，都是本地的城市名片。2000年2月到9月，武汉市政府对这条百年商业老街进行了大改造，把江汉路变成了一条集购物、休闲、旅游、文化于一体的步行街。现在，人们来江汉路，首先会被大街上<ruby>琳琅满目<rt>lín láng mǎn mù</rt></ruby>的商品吸引。江汉路的店铺达到400多家，既有历史悠久的"<ruby>老字号<rt>lǎo zì hào</rt></ruby>"，又有国内外知名品牌<ruby>专卖店<rt>zhuān mài diàn</rt></ruby>和<ruby>连锁店<rt>lián suǒ diàn</rt></ruby>。在江汉路你几乎可以买到你想要的任何东西。即使不购物，在这里走一走，感受一下老汉口热闹的商业气氛，也挺有意思。逛累了，就在街边长椅坐下，看看街头<ruby>雕<rt>diāo</rt></ruby><ruby>塑<rt>sù</rt></ruby>——武汉美食热干面的捞面师傅、夏日休闲的象棋<ruby>对弈<rt>duì yì</rt></ruby>者，这些武汉普通老百姓生活的场景，一定会给你新鲜的感觉。

除了商品，这条大街还有更值得欣赏的东西，那就是各种风格的近代建筑。有<ruby>古典主义<rt>gǔ diǎn zhǔ yì</rt></ruby>的，也有现代风格的，有西式的，也有中西融合的，每一栋建筑都装饰精巧，造型优美。据统计，江汉路上一共有 13 栋老房子被列为历史优秀建筑，其中有中国设计师设计的早期<ruby>现代主义<rt>xiàn dài zhǔ yì</rt></ruby>建筑：四明银行大楼和中国实业银行大楼；有汉口近代最大的商业大楼——现在的中心百货商场及璇宫饭店，这栋楼的塔亭最让人<ruby>赞叹<rt>zàn tàn</rt></ruby>；还有民族资本家创立的精益眼镜店、冠生园食品店。这些老建筑的存在使这条商业街拥有了厚重的历史底蕴，这才是江汉路最大的财富。

中英对照

古典主义
classicism

现代主义
modernism

赞叹
gasp in admiration

第二次鸦片战争
The Second Opium
War

行政系统
administrative system

📖 知识小贴士

汉口租界

由于dì èr cì yā piàn zhàn zhēng**第二次鸦片战争**失败，1858年，清朝政府被迫与英、法两国签订了不平等的《天津条约》。按照条约，汉口于1861年3月正式开埠通商，汉口的英国租界也同时划定。之后，俄国于1896年5月、法国于1896年6月、德国于1895年10月、日本于1898年7月，也都划出了在汉口的租界区域。五国租界将长江边南起江汉路，北到黄浦路，大约七八千米的沿江地带全部占据。租界独立于中国政府的xíng zhèng jì tǒng**行政系统**和法律制度之外，实行另一套制度，成为"国中之国"。1917年，当时的政府收回了德租界；1927年收回了英租界；俄租界于1925年被收回；法租界和日租界于1945年被收回。

第三节　漫步汉口历史文化风貌区

　　近两年，在中国的社交媒体上有一个热门话题：City Walk。中文可以叫"城市漫步"。漫步，是探索一座城市的最好方式。想象一下：在城市里随意漫游或者探寻一些有特色的景观

黎黄陂路街景

路线，深度体验一座城市的历史、人文，在不经意间邂逅（xiè hòu）旅途中的惊喜：可能是一家有意思的书店或咖啡馆，可能是某处古朴（gǔ pǔ）而典雅的老房子，也可能是偶然发现了一条你从没有到过的小巷……这是一种更自由、更富有文化意味的旅游方式。

汉口历史文化风貌区是最适合 City Walk 的地方。这片街区在哪里呢？从地图上看，它就在沿江大道的后边。沿江大道每隔一段就有一个道路入口，这些路都通往与沿江大道平行（píng xíng）的另一条百年老街——中山大道。汉口历史文化风貌区其实就是沿江大道和中山大道之间的一片老城区，总面积大约 6 平方千米。它的大部分在汉口的江岸区，这里是历史建筑保存最多、最完好和最集中的区域。

黎黄陂路现在是汉口历史文化风貌区的"顶流（dǐng liú）"，这片街区于 1897 年被划入汉口俄租界，1946 年元旦，被当时的政府收回后，命名为黎黄陂路。从租界时期开始，黎黄陂路一带就是武汉最摩登（mó dēng）的街区，这个氛围也持续到现在。

这条街不长，只有 600 多米，经过改造后很适合步行。街道两旁保留了 17 处租界时期的欧式建筑，漫步在这里，就好像进入了一个街头建筑博物馆，而开在老房子里的餐厅、酒吧、咖啡馆、书店、画廊（huà láng）、服饰店又为这些旧时的建筑注入了新的活力。如果你是一个喜欢怀旧（huái jiù）的人，不妨来这里走一走，感受旧日的浪漫氛围，体验一下"慢生活"。

黎黄陂路附近的街区虽然名气没有那么大，但也值得探索。从黎黄陂路过来不远，另一条街上的巴公房子是目前最受欢迎的网红（wǎng hóng）打卡地。这栋楼建于 1910 年，由俄国茶商投资，是当时汉口最大和最高级的公寓楼。巴公房子前，停下来拍照的游人遍布在各处，各自寻找着心动的角度，与百年建筑合影。走进巴公房子一楼，一阵阵咖啡的香味飘过来，原来这里是星巴克咖啡馆。巴公房子内部现在已结束整修，即将开设万里茶道博物馆，免费向公众开放。

中英对照

画廊
gallery to reminisce

怀旧
to reminisce

网红
influencer

黎黄陂路画廊

万里茶道

万里茶道是古代中国、蒙古、俄国之间茶叶贸易的长距离线路，是丝绸之路之后，在欧亚大陆兴起的又一条重要的国际商道。1861年汉口成为通商口岸后，俄国商人来到这里开设制作砖茶的工厂，进行茶叶贸易，并很快垄断了汉口茶市。1871年到1890年，中国出口的茶叶占世界茶叶市场的86%左右，而由汉口输出的茶叶占中国茶叶出口的60%左右，汉口因此被称为"茶叶港"，也是19世纪中期万里茶道的起点。

思考和讨论：

人们常说汉口"因水而兴，因商而盛"，世界上很多城市都位于大江大河边或者海边，因为具有水上航运的优势而成为商贸中心，也发展出独特的商业城市文化，汉口就是这样。你的国家有没有类似的城市呢？你知道世界上其他国家有这样的城市吗？请简单比较分析一下。

扩展阅读

[1]皮明庥，吴勇. 汉口五百年[M]. 武汉：湖北教育出版社，1999.

[2]田飞，李果. 寻城记·武汉[M]. 北京：商务印书馆，2012.

[3][美]罗威廉. 汉口：一个中国城市的商业和社会(1796—1889). 江溶，鲁西奇，译. 北京：中国人民大学出版社，2005.

第八讲　张之洞与武汉的近代化

武汉是湖北省省会，如今是华中地区最大、经济最发达的特大城市。武汉能有这样的城市地位，与晚清"洋务派"大臣张之洞打下的基础有很大关系。在担任湖广总督的十八年（1889—1907 年）里，他最大的成就是推动了武汉的近代化。1861 年汉口开埠后，西方国家在武汉不断扩大影响。面对外国力量的冲击，张之洞带着"敢为天下先"的决心和勇气，在武汉进行了一系列开创性的改革，包括工业、交通、教育、城市建设等。武汉逐渐从封闭的封建城镇发展成开放的近代城市，实现了城市文明的转型。

武汉人为了纪念张之洞，在武汉三镇的不同地方修建了他的雕像、纪念馆和公园，武昌还有一条命名为"张之洞路"的马路。

第一节　张之洞其人

武汉人对张之洞的纪念

张之洞<ruby>祖籍<rt>zǔ jí</rt></ruby>河北南皮，1837 年出生在贵州省。张之洞的家族是一个传统<ruby>官宦世家<rt>guān huàn shì jiā</rt></ruby>，父亲是贵州当地的地方长官。张之洞从小接受传统的<ruby>儒家教育<rt>rú jiā jiào yù</rt></ruby>。他天生聪明，勤奋好学，12 岁就开始参加<ruby>科举考试<rt>kē jǔ kǎo shì</rt></ruby>，15 岁在全省考试

中英对照

祖籍
ancestral home

官宦世家
official family

儒家教育
Confucian education

科举考试
the imperial examination

中取得第一名。后来因各种事情耽误，直到26岁才参加全国考试，最终取得第三名。取得功名（gōng míng）以后，张之洞开始了官员生涯（shēng yá），他曾经在山西、广东等地担任地方官（dì fāng guān），但他在湖北做总督的时间最长，取得的成绩也最显著。1907年，张之洞离开武汉，回北京任职，这一年他71岁。两年后，他在北京去世。

张之洞生活的时代，中国正面临两千多年来最严峻（yán jùn）的社会转型，他付出了最大的努力，为国家做了许多事情，希望能够挽救清王朝的命运，但没能挡住历史前进的车轮。在他去世两年后，武昌起义（wǔ chāng qǐ yì）爆发，辛亥革命（xīn hài gé mìng）真正开始。辛亥革命推翻了中国延续两千多年的封建帝制（dì zhì）。

对于历史学家来说，张之洞是一个复杂而重要的历史人物。对于武汉人来说，我们应该记住他为武汉这座城市做出的贡献，更应该继承（jì chéng）他"敢为天下先"的精神。

第一次鸦片战争
First Opium War
（Britain's invasion
of China，1840-
1842）

双重困境
dual dilemma

开明
open-minded

富国强兵
to make the country
rich，to make the
army strong

慈禧太后
Empress Dowager
Cixi

默许
acquiescence

知识小贴士

近代化

所谓近代化，就是现代化，在中国首先是工业化，以及伴随着工业化的政治、经济、文化等方面的变化，也就是实现社会转型。中国近代化的时间从 19 世纪 60 年代开始。

洋务派

1842 年，第一次鸦片战争（dì yī cì yā piàn zhàn zhēng）结束后，清朝面临国内和国外双重困境（shuāng chóng kùn jìng）。当时一些开明（kāi míng）的官员主张利用西方的先进技术，富国强兵（fù guó qiáng bīng），摆脱困境，以维护清朝统治。这些官员被称为"洋务派"。从 19 世纪 60 年代到 90 年代，他们在慈禧太后（cí xǐ tài hòu）的默许（mò xǔ）下开展了一场以"自强""求富"为目标的洋务运动。

第二节 张之洞与武汉交通的近代化

1825 年，铁路在英国诞生。第一次鸦片战争后，有关铁路的知识也传入了中国。但是，一直到 19 世纪 80 年代，清朝政府官员还在争论应不应该修建铁路。张之洞很早就认识到铁路的重要性。1889 年他向朝廷提议，修建从北京附近的卢沟桥到汉口的卢汉铁路，通过这条铁路连通中国南北、开放内地、发展经

<dàn shēng>诞 生</dàn shēng>

<cháo tíng>朝 廷</cháo tíng>

中英对照

诞生
to be born

朝廷
imperial court

京汉火车站

济。如果他的计划成功，这将是<ruby>贯穿<rt>guàn chuān</rt></ruby>中国<ruby>腹地<rt>fù dì</rt></ruby>的第一条铁路。在当时很多官员反对修建铁路的情况下，要实现他的想法实在不容易。幸运的是，朝廷接受了张之洞的建议，派他到武汉担任湖广总督，主持卢汉铁路南段的建设，因为卢汉铁路南段的起点是汉口。

1889年张之洞到武汉，可是直到1899年卢汉铁路才终于<ruby>动工<rt>dòng gōng</rt></ruby>，1906年4月1日全线通车，全长1214千米，最后定名为京汉铁路，是当时中国最长的一条铁路线。从汉口到北京，快车需要30多个小时，普通车需要60多个小时。

京汉铁路建成通车对汉口的城市发展产生了积极的影响。汉口是一个水上航运发达的码头城市，但陆路交通主要依靠<ruby>驿道<rt>yì dào</rt></ruby>，运输能力非常有限。京汉铁路连通了中国南北，火车和轮船<ruby>联合<rt>lián hé</rt></ruby>运输，形成了一个<ruby>四通八达<rt>sì tōng bā dá</rt></ruby>的交通网络。发达的交通使<ruby>商品流通<rt>shāng pǐn liú tòng</rt></ruby>更加方便，推动了近代武汉商业贸易的发展。据统计，由于京汉铁路通车，汉口商品的流通总量增加了

四分之一以上。此外，京汉铁路建成，也带
动了汉口的城市建设。京汉铁路周边的地区
发展成为闹市区，形成了近代汉口的第一批商
业街。

除了铁路外，张之洞也顾及武汉航运。汉
口开埠后，外国的机器洋船开进武汉的港口，
很快控制了长江航运。张之洞担任湖广总督
后，于1897年成立了轮船局，购买轮船6艘，
从此湖北和湖南两省开始有了自己的轮船。此
后到1907年，先后有近10家轮船公司在武汉
成立。20世纪初湖北省是轮船运输最发达的内
地省份，长江的轮船运输线路延伸到重庆、
湖南等地。

百年时光过去，京汉铁路依然是中国南北
交通道路上最重要的一条铁路干线。张之洞为
武汉奠定了近代交通的基础，现在的武汉不仅
是中国最重要的铁路枢纽之一，也是华中地区
最大的航空中心和第一大港口。

第三节 张之洞与武汉工业的近代化

中英对照

铁轨
rail

钢铁
steel

1861 年汉口开埠后，西方国家的商人陆续在汉口投资建厂，但武汉地区却没有中国人自己办的近代工厂。张之洞到武汉后，为了给卢汉铁路提供<ruby>铁轨<rt>tiě guǐ</rt></ruby>，他在汉阳创办了中国第一个<ruby>钢铁<rt>gāng tiě</rt></ruby>企业——汉阳铁厂。

1891 年初，汉阳龟山北边成为一个大工地，几千人在这里平整土地、加高江堤，修建厂房，标志着武汉第一家机器工厂——汉阳铁厂的动工。汉阳铁厂 1893 年 10 月建成，1894 年 5 月**投产**。它的规模非常大，包括 4 个大厂和 6 个小厂，**聘请**外国技术人员 40 多人，**雇用**中国工人 3000 多人。投产后，汉阳铁厂为总长度 1214 千米的京汉铁路提供了 1000 千米的铁轨。汉阳铁厂不仅是晚清中国唯一的机器炼铁厂，也是当时亚洲规模最大的钢铁企业。它的创办被西方国家视为"中国觉醒"的标志。

在建设汉阳铁厂的过程中，1892 年湖北**枪炮**厂（1908 年改名为汉阳兵工厂）在汉阳铁厂西边动工，到 1894 年初步建成。枪炮厂最初有 1200 多名工人，到 1904 年发展到 4500 多人。这是中国第一家兵工厂，这家工厂生产的"汉阳造"**步枪**是中国最著名的现代**武器**。有了武器进行**武装**，才有了后来战争里中国人**反抗**的枪声。1911 年 10 月武昌起义爆发，起义者手里拿的大多是"汉阳造"。抗日战争期间，"汉阳造"也是主力武器之一。每当提起"汉

开创
to start

雄心勃勃
to be ambitious

纺织
textile

织布
weaving

纺纱
spinning

缫丝
silk reeling

制麻
hemp production

重工业
heavy industry

轻工业
light industry

体系
system

农耕文明
agricultural civilization

核心
core

阳造",人们都会回想起它的创造者张之洞,是他开创（kāi chuàng）了中国的兵器工业。

张之洞是一位雄心勃勃（xióng xīn bó bó）的企业家,在汉阳创办钢铁企业、兵器企业后,在武昌也开办了纺织（fǎng zhī）企业。最早的是 1893 年投产的织布（zhī bù）局。织布局聘请了英国技师,雇用工人 2500 多人。由于织布局获利丰厚,1894 年又建立了湖北纺纱（fǎng shā）局。1896 年建立了湖北缫丝（sāo sī）局,生产的产品全部通过上海出口到外国。湖北制麻（zhì má）局最晚建成,于 1898 年开始建厂,1906 年建成投产,在经营上一度非常不错。

据统计,清末 20 年间,在张之洞的主持下,武汉地区创办的新式工业有 20 多家。汉阳以重工业（zhòng gōng yè）为主,武昌以轻工业（qīng gōng yè）为主,武汉近代工业体系（tǐ jì）初步形成。从此,武汉从以农耕文明（nóng gēng wén míng）为基础的手工业时代走向了近代工业文明时代,而工业文明正是城市近代化的核（hé）心（xīn）。

第四节　张之洞与武汉教育的近代化

张之洞在武昌
事迹展览馆

张之洞一生对人才和教育特别重视，把培

养人才、发展教育作为强国的重要举措。1889

年张之洞到湖北任总督，在实际的工作中，他

举措
measure

认识到中国旧式教育的落后和新式人才的缺乏，于是在传统的 <ruby>书院<rt>shū yuàn</rt></ruby> 教育中增加科学知识的学习，同时挑选学生出国留学。张之洞在改革传统书院教育的同时，还创办了早期的新式学堂。1893 年，为了培养外语和商务人才，他创办了中国第一所外语专业学堂——自强学堂（武汉大学的 <ruby>前身<rt>qián shēn</rt></ruby>）。自强学堂开设了英文、法文、俄文、德文、日文共 5 门外语。张之洞特别强调学好俄文，因为当时俄国商人几乎垄断了汉口的茶叶贸易。

从 1902 年开始，张之洞在湖北推行学制改革，从此旧式教育逐渐退出历史舞台。新学制体系包括基础教育(小学和中学)、高等教育、<ruby>师范<rt>shī fàn</rt></ruby>教育、<ruby>实业<rt>shí yè</rt></ruby>教育、<ruby>军事<rt>jūn shì</rt></ruby>教育、女子教育等各个方面，使武汉拥有了当时最完备的近代教育体系。张之洞兴办的新式教育有两大特点，一是以 <ruby>振兴<rt>zhèn xīng</rt></ruby> 民族产业为目的，重视实业教育；二是为了 <ruby>普及国民教育<rt>pǔ jí guó mín jiào yù</rt></ruby>，重视师范教育。

为什么张之洞如此重视实业教育呢？张之洞来武汉后创办了很多企业，但他很快发现管理和技术方面的人才都不是中国人。要改变这种状况，就必须培养自己的人才。所以1902年他创办了湖北工业学堂(武汉科技大学和武汉理工大学的前身)，这所学堂培养出的学生能够制造和使用各种新式机器。为了改良湖北的农业，他于1903年创办了湖北农务学堂(华中农业大学的前身)。除了工业学堂、农务学堂，张之洞还开办了商业、矿业、铁路等实业学堂。到1910年，武汉共有14所实业学堂，分为高等、中等和初等三个层次，形成了比较完善的实业教育体系。

随着新式学堂增多，张之洞也开始认识到师范教育的重要性。发展教育的关键是普及国民教育，而国民教育的基础是中小学教育。发展中小学首先要培养合格的教师。据统计，1910年，武汉三镇一共有师范学堂9所，不仅数量多，而且办学水平也比较高。位于武昌的两湖总师范学堂是湖北和湖南两省规模最大的师范学堂，张之洞亲自选定了40多位优秀的中外教师任教，并且规定学生毕业后必须在两省的中小学工作三年。

由于张之洞的努力，湖北的近代教育事业开始兴盛。20世纪初，武汉地区的留学教育也有了很大的发展，形成武汉历史上第一次"留学热"，其中赴日本留学是主要途径。据统计，晚清时期湖北的留学生数量大约有5000人，是当时中国各省中最多的。

张之洞兴办教育，为武汉成为中国重要的教育中心打下了基础。以高等教育为例，现在的武汉是中国高等教育最发达的城市之一。教育带动着文化、科技的进步，文化、科技又给武汉提供了发展的动力。

📖 历史小故事

两湖书院的故事——是学生还是"老爷"？

1890年，张之洞在武昌创办了两湖书院。两湖书院是晚清时中国最高水平的书院之一。两湖书院的学生待遇优厚，每人宿舍有两个房间，一间书房，一间卧室；每个月还可以领到丰厚的生活费。学生的作息用鼓声做信号。每天5点头鼓，5点半二鼓，6点三鼓上课。如果二鼓时学生还没有起床，宿舍的管理员会来提醒："老爷，二鼓啦。"管理员称呼两湖书院学生为老爷，称呼自强学堂学生为少爷，由此可以知道学生在当时是多么受到尊敬和重视。

张之洞一生非常重视教育，他认为晚清时的中国要自强，最重要的是发展教育和培养人才，请问你怎么看待国家富强和教育、人才之间的关系？你的国家是什么样的情况呢？可以给大家简要介绍一下吗？

延伸阅读

[1]皮明庥. 一位总督·一座城市·一场革命——张之洞与武汉[M]. 武汉：武汉出版社，2001.

[2]冯天瑜. 张之洞评传[M]. 武汉：湖北人民出版社，2020.

[3]陈秋芳. 张之洞与武汉[M]. 武汉：湖北长江出版集团，2011.

第九讲　从红楼到红巷

第一节 中 国 红

如果请你选出一种颜色代表中国，你会选什么颜色？很多人会选红色。在人们的印象里，中国确实是一个喜欢红色的国家。两千多年前孔子就曾说过："恶紫之夺朱也。"意思是他不喜欢用紫色代替正红的朱色。结婚时新娘子总会选一条红裙子，生了孩子给<ruby>亲戚<rt>qīn qi</rt></ruby>朋友送红鸡蛋，过年时发红包……红色带给人们欢笑和幸福，是中国人生活中的<ruby>高光<rt>gāo guāng</rt></ruby>。很多外国人是在《<ruby>红高粱<rt>hóng gāo liáng</rt></ruby>》《大红灯笼高高挂》的电影里第一次看到中国，张艺谋导演用电影把中国文化展现给全世界。

红色在中国文化中有重要的意义。传说在很早以前，有一种吃人的<ruby>怪兽<rt>guài shòu</rt></ruby>，它总是在新年的时候出现，人们把它叫作"年"。"年"非常凶恶，听说"年"来了，大家都躲在家里不敢出来。"年"只有一个弱点，它害怕火光和巨大的响声。红色不就像火的颜色吗？人们在门口贴上红纸，挂上红灯笼，到处放<ruby>爆竹<rt>bào zhú</rt></ruby>、放<ruby>烟花<rt>yān huā</rt></ruby>。"年"害怕地逃走了。从那以后，每到新年，人们就用红对联、红福字、红灯笼来装饰大门，还放爆竹、放烟花，过新年成了最快乐的节日。红色也成了喜庆、吉祥和幸福的颜色。

红色还代表着革命、进步和热情。你知道中国国旗为什么是五星红旗吗？五星红旗，旗面为红色，左上角有五颗黄色五角星。大五角星代表中国共产党，四颗小五角星分别代表工人阶级、农民阶级、小资产阶级和民族资产阶级。红色象征着革命，代表着党领导下的中国人民英勇奋斗的光辉历程。

《现代汉语词典》这样解释"红色"："①名词，红的颜色；②形容词，象征革命或政治觉悟高的。"汉语中的"红色文化""红色精神"，意思是革命文化和革命精神，"红歌""红色文学"是和革命有关的歌曲和文艺作品。现在，越来越多的人对"红色旅游"感兴趣，他们选择到革命纪念地游览、参观，学习革命精神，接受革命传统教育。比如去毛泽东故居参观，游览中国共产党成立时的旧址等。红色精神激励着一代又一代中华儿女为了理想和信仰不断奋斗。

第二节 武昌首义

在武汉的长江边，蛇山黄鹤楼的脚下，有一座红色的大楼。这里是<ruby>辛亥革命<rt>xīn hài gé mìng</rt></ruby>博物院，武汉人叫它"红楼"。每年来到这里参观的游客达到几十万人。这座"红楼"见证了中国大地上最后一个王朝——<ruby>清王朝<rt>qīng wáng cháo</rt></ruby>走向灭亡，也见证了民主中国的诞生。

一百多年以前，统治中国的是清王朝。那

中英对照

辛亥革命
Xinhai Revolution

清王朝
the Qing Dynasty

红楼

中英对照

不平等条约
unequal treaty

推翻
to overthrow

武装起义
armed uprising

时的中国既落后又贫穷，在国际上也没有地位，被迫接受了很多国家的 <ruby>不平等条约<rt>bù píng děng tiáo yuē</rt></ruby>。皇帝和大臣们打算学习西方先进国家的科学和技术，让中国强大起来。

一位叫张之洞的大臣被皇帝派到湖北，他花了十多年时间，在武汉采用西方的科学技术开办了很多新工厂和新学校，还训练了一支新军队，使用新式火炮火枪。

可是，新工厂、新学校还有新军队并没有让中国强大起来。皇帝和外国签订的不平等条约一个接着一个，越来越多的人认识到，不能再这样下去了。人们聚集到一起，秘密计划着 <ruby>推翻<rt>tuī fān</rt></ruby>皇帝，建立民主制度的中国。在中国的许多地方，甚至在国外，这样的秘密团体都出现了。孙中山创立的兴中会和同盟会就是这样的革命团体。

从1894年到1911年初，在孙中山的领导下，革命者们发动过10次 <ruby>武装起义<rt>wǔ zhuāng qǐ yì</rt></ruby>，虽然每一次都没有成功，但革命的影响越来越大。在张之洞训练的这支军队里，一些士兵也受到了革命思想的影响。

1911年夏天，皇帝打算把修铁路的权利交给外国人，这引起了全国各地的反抗，湖北的革命党人准备发动一次新的起义。经过紧张的准备，1911 年 10 月 10 日夜里，起义的枪声在武昌响起，打响第一枪的就是湖北新军的革命党人熊秉坤。

武昌起义了！这消息像风一样刮过全国各地。在武昌起义胜利的影响下，短短两个月内，湖南、广东等十五个省也先后起义，宣布脱离清政府独立。1912 年 1 月 1 日，中华民国成立，孙中山成为了第一任大总统。2 月 12 日，清朝的最后一个皇帝，也是中国历史上的最后一个皇帝宣布退位(tuì wèi)。中国的历史翻开了新的一页。

辛亥革命结束了中国几千年的君主制(jūn zhǔ zhì)，建立起共和制(gòng hé zhì)政府。这场革命传播了民主共和思想，极大地推动了中华民族的思想解放，在中国历史上具有巨大的意义。这场从武昌起义开始、在全国取得成功的革命发生在 1911 年，这是中国农历的辛亥年，所以叫辛亥革命。而首先起义的武昌，就被称为"辛亥革命首义地"。

那个血和火的年代已经随着时间的流逝离我们远去了，今天的红楼周围鲜花盛开，绿树成荫。

中英对照

退位
to abdicate

君主制
monarchy

共和制
republic

中 英 对 照

矗立
to stand tall and upright

重任
heavy responsibility

老人们在树荫下下棋聊天，孩子们在广场上奔跑欢笑。红楼的门前广场上，高高的孙中山铜像依然<ruby>矗<rt>chù</rt></ruby><ruby>立<rt>lì</rt></ruby>。他的身后，就是湖北起义军政府旧址——辛亥红楼。孙中山铜像的表情是那么的严肃，那是1911年的忧虑和<ruby>重<rt>zhòng</rt></ruby><ruby>任<rt>rèn</rt></ruby>。现在从铜像下走过的每一个人，他们说着，笑着，沉思着，又或是吵闹着，表情是那么轻松，那是今天这个时代给予的安定和满足。无数的游人来到这里，都是为了回答心中同一个问题：辛亥革命在中国历史上起到了什么作用？也许每一个人都已经找到了答案。

第三节　红巷星火

　　武昌的红巷，以前叫作"黉巷"。"黉"和"红"的发音一样。"黉"的意思是学校，黉巷就是学校前面的一条巷子。后来，这里发生了很多革命历史事件，就改名叫"红巷"。这条不到500米长的小路上，有中央农民运动讲习所、毛泽东故居和中共五大会议旧址。1927年，毛主席在这里工作和生活，在农民运动讲习所给学员们讲课，写出了著名的《湖南农民运动考察报告》。1927年5月，中国共产党第五次全国代表大会也在这里召开，在会上，毛

中英对照

黉
ancient Chinese school

144

红巷农讲所

泽东批评了陈独秀在对待农民问题上的错误。1927 年的时候，这条小小的"红巷"是什么样子的？它怎么影响了中国的历史？让我们回到一百年以前去看一看。

走进 1927 年的红巷，都府堤路 41 号是一所青砖黑瓦的房子，生活在房子里的是一对夫妻和他们的孩子。他家门前有一条巷子，出门右转，沿着巷子走上两三百米，就到了一所学校。住在附近的人们发现，高大的丈夫是个教书先生，白天穿过巷子，在这所学校上课。虽然他说话带着湖南口音，但是学生们就爱听他讲课。他上课的时候，大大的教室里总是坐满了人。他的学生们既要上课学习，还要跑步操练，看起来像是军人。他的妻子带着两个小男孩儿，马上要生第三个孩子了。这个妻子会读书，会写字，丈夫写文章，妻子还帮着整理呢。他们家里常常来客人，客人们还都喜欢聊天，主人也非常热情。他们家客厅里的灯火总是亮到很晚。这就是毛泽东的一家。

从 1926 年开始，各地的农民革命活动越来越多。农民运动到底好不好？当时在共产党内部和外部都有不同的意见，人们的想法并不一样。为了给出这个问题的答案，中共中央农委书记

145

毛泽东决定自己去调查。从 1927 年 1 月开始，毛泽东花了 32 天的时间，步行了 700 多千米，走访了湖南的五个县，和农民谈话，对农民运动进行调查。2 月，他带着家人来到武汉，开始主持中央农民运动讲习所的工作。当年在这里讲课的还有瞿秋白、李立三、恽代英、方志敏、李达等，毛主席是讲课时间最长的一位。走进今天的农讲所，还能看到他用过的办公桌和茶杯，那是他曾经长时间工作的地方。

毛主席讲课深入浅出（shēn rù qiǎn chū），通俗易懂，非常吸引学员们。农讲所的学员来自全国各地，很多都来自穷人家庭，没有受过教育，可是毛主席的课大家都能听懂。毛主席特别了解学员们，总是用身边的例子来解释理论问题。有一次在讲到农民运动的时候，他用了一个成语"矫枉过正"，这个成语的意思是：纠正错误的时候，如果超过了一定的限度，会变成新的错误。为了让学员们能听懂，毛泽东在黑板上画了三棵竹子，一棵向左弯，一棵是直的，一根向右弯。这是什么意思呢？学员们你看看我，我看看你，都不知道为什么要画竹子。毛主席放下笔，转身看着大家，指着向左弯的竹子说：

中英对照

深入浅出
to explain something complex in simple terms

红巷毛泽东旧居

红巷中共
五大会址

"如果想让这棵竹子直，就要把它向右扳^(bān)。"学员们点点头。毛主席的手划过直竹子，指着向右弯的竹子说："但如果力气太大，竹子变成了向右弯，那就是'矫枉过正'了。"大家一下子就都明白了。

历史证明，毛泽东对农民运动的理解是正确的。在革命危急时刻召开的中共五大，批评了党内对农民运动的错误认识。毛主席主持的农讲所一共培养了800多名学员。学员们从武汉出发，来到一个又一个农村，四处散布革命的火种^(huǒ zhǒng)，引领^(yǐn lǐng)着全国的农民革命运动燃起了熊熊烈火^(xióng xióng liè huǒ)，推动着中国革命走向新的征程^(zhēng chéng)。

思考和讨论：

红色在中国文化中具有喜庆吉祥和革命进步的含义，这和你的国家一样吗？你还知道中国人在什么场景下使用红色吗？你收到过红色礼物吗？

扩展阅读

[1]章开沅. 辛亥革命词典(增订配图本)[M]. 武汉：武汉出版社，2011.

[2]杨早. 民国了[M]. 成都：四川人民出版社，2018.

[3]高万娥. 为有牺牲多壮志：武汉红色文化故事[M]. 武汉：长江出版社，2019.

第十讲 舌尖上的武汉

碳水是碳水化合物的简称，主要包括糖类、淀粉类和纤维素等。中国人的碳水主要来源于以米、面、杂粮为原材料的各类主食和小吃。今天在网上，武汉被人们称为"碳水天堂"。武汉仅靠一座城市的力量，就与山西省、陕西省和山东省在中国碳水天堂排行榜上并驾齐驱。

在武汉，早饭几乎就等于碳水。据统计，武汉的早餐有近 200 种，即使每天都吃不一样的早餐，也要花六个多月的时间才能把所有的早餐都吃一遍。因此，咱们先从武汉的早餐聊起吧。

第一节　武汉四大名小吃

老通城、蔡林记、四季美、小桃园是武汉早餐界老字号的“四大天王”。老通城的三鲜豆皮、蔡林记的热干面、四季美的汤包、小桃园的鸡汤，并称武汉四大名小吃。

在明清两代，汉口是当时中国的三大米市之一，米业的发展让武汉人善于用米来做食物，例如，做豆皮、豆丝、米粑粑、烧麦的时候都少不了米。豆皮是在湖北传统小吃豆丝的

中英对照

老字号
an old and trusted business

四大天王
The Four Heavenly Kings（Buddhist term, refers to guardians of the four cardinal directions）

lǎo zì hào　　sì dà tiān wáng

基础上发展起来的。有这么个小故事，杨老板开了一家豆丝馆，一天因为下雨没法儿晒干豆丝，由于不想浪费，就把糯米、肉和豆丝一起做成了豆皮，没想到受到了顾客的欢迎。豆皮就这样诞生了。要说吃豆皮，那一定要去老通城，他家的招牌美食是三鲜豆皮，为老通城赢得了"豆皮大王"的荣誉。

在武汉，几乎每个早餐店都卖热干面，可只有蔡林记是武汉人都承认的热干面老字号。蔡林记的老板姓蔡，是兄弟两人，正好面馆门口有两棵树，双木成林象征吉祥兴旺，于是取名蔡林记。把面烫好放进碗里，然后加上辣萝卜、小葱和胡椒、酱油等调料，最后加上热干面的灵魂——芝麻酱，一碗香喷喷的热干面就做好了。热干面是武汉人的骄傲，也是最能代表武汉的食物，不吃热干面就不能说来过武汉。

汤包来自江苏，但四季美把它改造成了适合武汉本地口味的美食。从偏甜味变为咸鲜味，又根据武汉人爱喝汤的特点，增加了汤包中

中英对照

糯米
sticky rice

诞生
to be born

招牌
a restaurant's specialty

吉祥
luck

兴旺
prosperity

调料
seasoning

芝麻酱
sesame paste

的汤。汤包不仅好吃，还要好看，包子口最少
要有 18 道<ruby>褶子<rt>zhě zi</rt></ruby>才合格。吃的时候，轻轻提，
慢慢移，先开窗，后喝汤，配上姜丝、酱油或
醋，别是一番享受。

老武汉人爱<ruby>煨汤<rt>wēi tāng</rt></ruby>，每次家里来了客人，
饭桌上总少不了一碗好汤，汤是武汉人待客的
最高礼仪。前面说小桃园鸡汤，其实不太准
确。小桃园煨汤的品种很多，有<ruby>瓦罐<rt>wǎ guàn</rt></ruby>鸡汤、
鸭汤、排骨汤、甲鱼汤、牛肉汤等。其中瓦罐
鸡汤最有名，点的人最多，所以成了他家的招
牌汤。小桃园以前在汉口兰陵路，毛泽东、周
恩来等国家领导人都曾品尝过小桃园的煨汤，
称赞"煨汤大王，<ruby>名不虚传<rt>míng bù xū chuán</rt></ruby>"。现在如果想

喝小桃园的煨汤，得去武汉园博园的汉口里了。

> ### 📖 知识小贴士
>
> 　　第一碗热干面是怎么来的？来听听这个有趣的故事吧。20 世纪 30 年代初，汉口住着一个叫李包的小老板，主要卖汤面和 凉粉^{liáng fěn}。有一天，面条没卖完，天气很热，又没有冰箱，他只好把面条煮熟以后保存。没想到，油不小心泼^{pō}到了面条上，他干脆多加一些油，跟面条一起拌^{bàn}好后放凉。第二天早上，他把这些面条放进开水里烫几下，然后加上芝麻酱、小葱、辣萝卜……面条非常香，吸引了不少顾客。客人们吃了以后，觉得很好吃，都问是什么面？他说热干面。从那以后，李包就开始卖热干面了。

第二节　过早要去粮道街

寻味粮道街

武汉有句老话(lǎo huà)说得好：过早(guò zǎo)要去户部巷，宵夜勿(xiāo yè wù)忘吉庆街。随着时间的流逝(liú shì)，武汉人的生活水平越来越高，也越来越愿意在吃上面花心思(huā xīn sī)。武汉话中有"吃货"这个词，用来指那些喜欢吃也会吃的人。虽然现在外地人来武汉旅游一般都会去户部巷打卡(dǎ kǎ)，但是武汉本地吃货还是更喜欢粮道街，因为在这条1400多米长的老街上不但集齐了老武汉传统小吃，也汇聚了最时髦的网红美食。之所以说粮道街是老街，因为它在武昌老城区。粮道街的名字源于清代曾在此设的粮道署，看名字就知道这是专管粮食的部门。不管是以前还是现在，粮道街都和"吃"息息相关，真是一件奇妙的事情。古老而不陈旧的建筑，细窄却干净的街道，人们在这个充满人间烟火气的地方代代生活，日子过得简单而幸福。

粮道街上，人最多的店莫过于天天红油赵师傅热干面。赵师傅夫妇从 1988 年开始就在粮道街开店，算起来已经有几十年的开店历史。虽然按照名字来说，赵师傅家应该主要卖红油热干面，但更多人是为了油饼包烧麦来的。炸油饼的锅和蒸烧麦的蒸笼直接放在店门口，制作过程一览无遗，师傅们配合得非常好：油饼炸好后，把它划开，几个烧麦被迅速放进油饼里，一份油饼包烧麦就做好了。一口咬下去口感丰富，糯米、猪肉随着浓厚的胡椒味飞快地占领了整个口腔，吃一口让人只想感叹，究竟是哪个吃货想到这样的组合！

再往前 50 米左右，就是被称为"武汉过早博物馆"的三镇民生甜食馆。民生甜食馆于 1957 年开始营业，是武汉老字号餐饮企业，

156

2012 年曾被报纸评为江城"小吃之首"。店里的小吃有几十个品种，有豆皮、糊米酒、热干面、豆腐脑、烧麦、汤包、煎包、面窝等，价格实惠，而且一天到晚都可以吃。如果想轻松地把武汉传统早点一网打尽，来民生甜食馆没错儿了。

来粮道街打卡，一定不能错过熊太婆原汤水饺。现在的老板熊丽娟是第四代传承人。熊太婆水饺的故事要从 1932 年讲起，当时熊丽娟的太爷爷每天挑着水饺走街串巷。到了 1969 年，熊家人在大成路市场开了水饺店，可惜后来市场拆迁，水饺店就关门了。2013 年，熊丽娟不想看到这份好味道消失，于是放弃工作创立了熊太婆品牌，武汉人才能再次吃到记忆中的老味道。熊丽娟说："很多东西都在变，但这个原汤水饺的味道不应该变。"她觉得现在的水饺已经还原了 90% 的老味道，还有 10% 是因为吃的人不一样了。

武汉这座城市有开放的心态（xīn tài）和强大的包容（bāo róng）性，在这儿既有历史悠久的传统汉味美食，也有新鲜味道的加入。1998 年，覃老板的父母从广西来到武汉开了一家桂林米粉店。严格来说，桂林米粉不算武汉特色小吃。从 1998 年到现在，已经过去 25 年的时间了，他家米粉的味道不断改进，慢慢从清淡的广西米粉变成了武汉人爱吃的重口味米粉。本土化（běn tǔ huà）的桂林米粉受到了武汉人的欢迎，一天能卖 1000 多碗，也就是说，每天有 1000 多人来这里吃米粉。

其实，除了粮道街，武汉称得上美食街的地方还有很多，兰陵路、六渡桥、复兴村、仁寿路、大成路、石牌岭、水陆街……从汉口到武昌，从武昌到汉阳，武汉这些写满了生活与故事的街道，总有一条能抓住你的胃，留住你的心。

中英对照
心态 attitude
包容 tolerance
本土化 localization

第三节　宵夜勿忘吉庆街

美味的楚菜

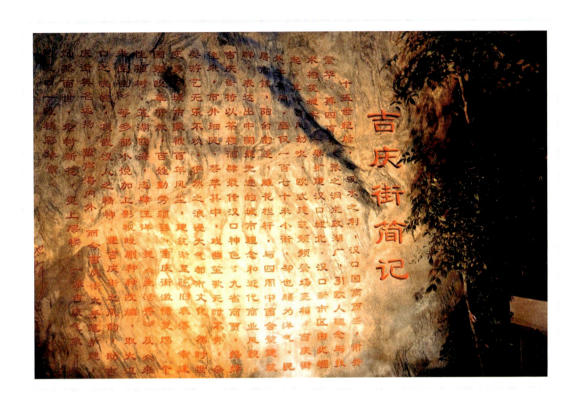

yǔ zhòng bù tóng

吉庆街，有着与众不同的时间表。当武汉人结束了一天的工作，它才会在傍晚热闹起来，这里是武汉的宵夜江湖。如果游客在白天来逛吉庆街，一定会非常失望。因为白天的吉庆街只是一条普通、安静的小街，"吉庆街白天不做生意，就跟死的一样"（池莉《生活秀》）。但是一到晚上6点，吉庆街马上活过来

159

了：三三两两的酒楼亮起了灯，大排档的霓
虹灯开始闪烁，卖花、擦鞋的小贩们走上
街头。随着吃饭的人一波波到来，炊烟开始在
街上升起，街头艺人们在酒桌边走来走去，
热情地吆喝："老板，来一首?"客人们喝得最
高兴的时候，就是他们登场的时候。

　　这些街头艺人正是武汉吉庆街吸引成千
上万游客来到这里的秘密武器。20 世纪 80
年代，还不像现在家家有电扇、空调，一到天
气最热的时候，大智路到交易街一带就摆满了
竹床，老武汉人坐在竹床上边聊天边吃点儿毛
豆、花生什么的。附近居民于是在吉庆街上做
起了宵夜生意，有的摆起了凉菜摊，有的卖起
了小炒、啤酒，吉庆街的宵夜江湖逐渐形成。

大排档
food stalls

霓虹灯
neon lights

闪烁
to flicker

小贩
peddler

炊烟
smoke (from cooking)

街头艺人
busker

吆喝
to cry out

登场
to take to the stage

成千上万
tens of thousands

名扬全国
to be famous nation-wide

理所当然
it goes without saying

高潮
climax

90 年代，热闹的吉庆街吸引了无数来自全国各地的街头艺人，后来被评为"吉庆街四大天王"的老通城、麻雀、拉兹、黄瓜先后来到这里：老通城的吉他听了都叫好，麻雀边拉二胡边作词，拉兹的手风琴拉得好，黄瓜讲的笑话最幽默。他们和其他众多艺人一起成为这条街上最独特的风景，不到 200 米的街道上，每张桌旁都站着一两个艺人。2002 年，随着池莉写吉庆街故事的小说《生活秀》被拍成电影，吉庆街终于

míng yáng quán guó
名扬全国。到了 2005 年，街上的大小酒楼有 20 多家，活跃在这里的街头艺人超过了 200 人。

对吉庆街来说，夜晚就是白天，生活理所

lǐ suǒ
dāng rán
当然从晚上 12 点开始，整个气氛在这时才达

gāo cháo
到高潮。老板们、小贩们、街头艺人们不知疲

劳地做生意，直到早上 4 点依旧<ruby>精神抖擞<rt>jīng shén dǒu sǒu</rt></ruby>。吉庆街把面对面的消费方式和<ruby>平民<rt>píng mín</rt></ruby>化的表演方式融入汉味民风民俗中，形成了独具特色、<ruby>远近闻名<rt>yuǎn jìn wén míng</rt></ruby>的文化大排档，吸引着本地人以及外地游客。

随着做宵夜生意的地方越来越多，吉庆街慢慢不再是武汉人的唯一选择。老吉庆街在 2009 年迎来了大改造，2011 年新吉庆街<ruby>遭遇<rt>zāo yù</rt></ruby><ruby>滑铁卢<rt>huá tiě lú</rt></ruby>，很多人觉得新街没了灵魂，大排档老板、街头艺人纷纷离开，之后几年吉庆街这个名字几乎被武汉人忘记了。改变从 2016 年开始，老通城豆皮、四季美汤包、谈炎记水饺、汪玉霞糕点等武汉老字号开到吉庆街上。几家老牌大排档被允许在街上搭起棚子，放上十几张桌子。小贩们也回来了，在旁边小巷里卖起烧烤、煨汤、炸鸡等小吃。街头艺人数量虽然不及<ruby>鼎盛<rt>dǐng shèng</rt></ruby>时期，却比前几年多了不少。有些东西变了，有些东西还跟以前一样，新吉庆街找回了它的<ruby>市井<rt>shì jǐng</rt></ruby>气和烟火气，好像又有了灵魂。吉庆街宵夜，<ruby>永不散场<rt>yǒng bù sàn chǎng</rt></ruby>。

中英对照

精神抖擞
to be in high spirits

平民
civilian

远近闻名
to be known far and wide

遭遇滑铁卢
to meet one's Waterloo (to suffer a serious defeat and loss)

鼎盛
heyday

市井
marketplace

永不散场
to never end

思考和讨论：

在你的家乡有什么有代表性的传统美食？选你最喜欢的一种，为我们介绍一下。

扩展阅读

[1]徐明庭.老武汉丛谈[M].武汉：崇文书局，2013.

[2]王琼辉.武汉老字号故事[M].武汉：长江出版社，2015.

第十一讲　昙华林

第一节　昙华林的历史和现在

昙华林的历史

　　昙华林，这条 1200 米长的街道位于武昌古城的东北角，街区内有一座山，山不高，叫花园山。

　　昙华林是武昌古城的 根脉（gēn mài）之一。它是明代初年武昌城初步定型以后逐渐形成的一条街道，有 600 多年的历史了。从明代到清代，昙华林渐渐成为官府、学校甚至是军队聚集的地方。清朝时期，这里曾是佛教、道教文化的兴盛之地，"昙华林"这个名称的由来就与此有关。

　　昙华林也是武汉近代历史的 缩影（suō yǐng）。19 世纪中期到 20 世纪初，中西文化在这里 碰撞（pèng zhuàng）、交融，昙华林一带新式学校、医院、教堂等 应（yìng）运而生（yùn ér shēng）。1864 年，武汉第一座基督教堂——崇真堂就出现在这里。昙华林也是中国近代教育的重要发源地之一，中国近代第一所私立大

中英对照

根脉
root

缩影
microcosm

碰撞
to collide

应运而生
to emerge as the times require

学——中华大学和中国第一个公共图书馆也出现在这里。教育的发展带来思想的活跃，一批批青年人在这里接受革命思想的启蒙（qǐ méng），昙华林因此成为辛亥革命的"摇篮（yáo lán）"。

这个街区有五十多处百年以上的老建筑，集中保存了武昌古城的风貌（fēng mào）。昙华林中保存最多、最完好的是近代建筑，包括中西合璧建筑、西式建筑、近代中国传统建筑。古老的街巷、西式教堂、中西合璧的名人故居、传统的本地民居，共同构成了这个街区独特的风景。

📖 知识小贴士

为什么叫"昙华林"？

关于昙华林一词的由来，曾经有不同的说法。根据历史学家考证，清朝时期此地有一座叫昙华林的佛教寺庙，后来寺庙因战争被毁，而"昙华林"作为街名被保留下来。

现在的昙华林

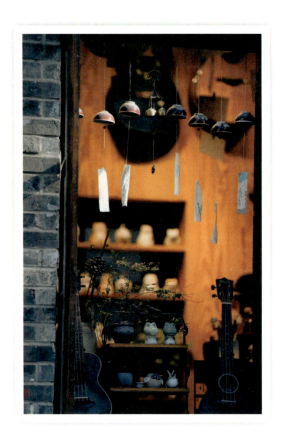

启动
to begin

焕发生机
to revitalize

现在的昙华林

如今，昙华林已成为武汉的文化新地标，也是武汉最受欢迎的休闲街区之一。

2005 年，武汉市政府<ruby>启动<rt>qǐ dòng</rt></ruby>了昙华林的保护和改造工作，经过十多年的逐步改建，一栋栋老建筑开始<ruby>焕发生机<rt>huàn fā shēng jī</rt></ruby>。北欧风格的老教堂经过翻新，成为当代艺术中心；中西合璧的名人故居变成依山而建的露天剧场；一百多年前的大学体育馆成为街头博物馆，时常举办高水平的展览。随着文化气氛日渐浓厚，一些文化创意中心、小众博物馆、美术馆、书店选择在这里扎根（zhā gēn）；各种民间自发的艺术沙龙（shā lóng）、美术展览，电影和音乐方面的活动也非常丰富；还有众多传统文化爱好者也看中昙华林的文化底蕴，在这里开设以中医、香文化（xiāng wén huà）、刺绣（cì xiù）、雕塑等为主题的工作室，实现他们传承文化的梦想。

走进这里的街巷，你会发现破旧的墙面、高大的楼层被涂鸦（tú yā）成天马行空（tiān mǎ xíng kōng）的画面。转入一条不起眼的小巷，本地老武汉人在阳光下闲适（xián shì）地下棋、打牌，如果你愿意跟他们聊聊，他们一定很乐意跟你讲讲这条街的故事。昙华林的气质是多元化的，传统与潮流并存，艺术气息中混杂着市井生活，既冲突又协调（xié tiáo），是这个街区的迷人之处。

第二节　昙华林探店之旅(上)

萧兰汉绣馆(昙华林 65 号)

这家汉绣馆在一栋有一百多年历史的老宅里。汉绣馆的主人萧兰女士从事汉绣工作三十多年了，她的作品曾多次获奖，是武汉知名的汉绣老师。

你了解汉绣吗？汉绣是指以湖北省的武汉、荆州地区代表的传统刺绣艺术，是中国刺绣的一个地方绣种。汉绣起源于两千多年前的楚绣，在清朝末年发展到鼎盛(dǐng shèng)。2008 年汉绣成为国家级非物质文化遗产(fēi wù zhì wén huà yí chǎn)。2011 年，武汉市政府在昙华林设立了汉绣基地(jī dì)，保护和发扬(fā yáng)这一传统手工艺。

走进汉绣馆，可以看到墙上挂着题材和风格各不相同的汉绣作品，有绣花草的，有绣自然风景、人物的，还有绣动物或者汉字的，选择的题材都是中国传统文化中具有美好象征意义的事物或者人物。人们把这些汉绣作品挂在

中英对照

鼎盛
prime

非物质文化遗产
non-material
cultural heritage

基地
base

发扬
to carry forward

汉绣馆(1)

汉绣馆(2)

中英对照

摄影
photography

油画
oil painting

大开眼界
to broaden one's horizons

香品
fragrance

楚香记

家里或者摆在家具上，既是一种装饰，也是对美好生活的祝愿。除了传统风格的汉绣，店里也有很多现代风格的作品，比如用汉绣来表现shè yǐng摄影、yóu huà油画的作品。如果你来到昙华林，可以进这家汉绣馆看看，说不定会让你dà kāi yǎn jiè大开眼界。

楚香记（昙华林 188 号附 11）

这是一家用古代方法制作xiāng pǐn香品的店铺，叫"楚香记"。中国的香文化在两千多年前的先秦时期就开始发展，不同的历史时期和地方也有自己独具特色的香文化。楚香，是发源于楚地的天然香，是中国香文化的重要部分。

楚香用于生活，首先有助于祛除病毒，保护身体健康，其次可以调节情绪，帮人们获得平静、愉悦的心情。楚香的理念是"香药同源"，香材也是药材。通过呼吸香气，可以帮助睡眠，调理血压，增强免疫力。在忙碌的生活中，焚香、闻香也可以让人们找到松弛的感觉。当学习、工作了一天，坐下来休息的时候，焚一支香，静静地呼吸，感受香带给身心的安宁，你可能就会觉得没有那么累和烦了。

在这间布置得极其雅致的香品店内，呼吸着芬芳的香气，欣赏店里陈设的各种香品，有香丸、线香、盘香，还有漂亮的香囊，真是一种享受。这家店不仅出售各种香品，还经常举办手工制香的活动。如果你对中国的香文化感兴趣，可以来这里体验亲手把药材磨成粉，把和好的香粉揉成泥，再把香泥制成香丸、盘香等各种香品的快乐。

祛除
to get rid of

血压
blood pressure

免疫力
immune system

松弛
to relax

雅致
elegant

芬芳
sweet-smelling

香丸
kneaded incense ball

线香
incense stick

盘香
incense coil

香囊
incense purse

磨
to ground

和
to mix

揉
to knead

中华三百六十行雕塑展示馆（昙华林 101 号）

　　中国有句俗语"<ruby>三<rt>sān</rt></ruby><ruby>百<rt>bǎi</rt></ruby><ruby>六<rt>liù</rt></ruby><ruby>十<rt>shí</rt></ruby><ruby>行<rt>háng</rt></ruby>，<ruby>行<rt>háng</rt></ruby><ruby>行<rt>háng</rt></ruby><ruby>出<rt>chū</rt></ruby><ruby>状<rt>zhuàng</rt></ruby><ruby>元<rt>yuán</rt></ruby>"，意思是每一个行业都有优秀的人才。"三百六十行"在这里是一个<ruby>概<rt>gài</rt></ruby><ruby>数<rt>shù</rt></ruby>，指各种行业。到底有哪些行业，没有多少人能说清楚。如果你来参观这个中华三百六十行雕塑展示馆，相信会有进一步的了解。

　　2014 年，湖北省美术院雕塑家李三汉先生带领团队在昙华林成立了工作室。这个展示馆是工作室的一部分，馆内收藏着360组人物雕塑，每组两三个人物，展现一百多年以前中国各个行业最有代表性的场景。你可以看到辛苦的搬运工、细心的绣花女（xiù huā nǚ）、勤劳的农夫、卖唱的艺人、舞狮的艺人、看病的郎中（láng zhōng）和卖药的伙计（huǒ jì）……共1080个人物雕塑。虽然所有雕塑的高度都只有30厘米左右，但每一尊雕塑的表情和动作都雕刻（diāo kè）得生动（shēng dòng）而鲜活（xiān huó），值得用心欣赏。

看着这一尊尊雕塑，让人不由得感动，因为它们凝聚（níng jù）着中国人世世代代在艰辛的生活状态下的智慧和信念，体现着各行各业中国老百姓对待生活的坚韧（jiān rèn）与执着（zhí zhuó）。三百六十行中，很多行业已经消失了，这些雕塑代表着远去的时代和逐渐衰落（shuāi luò）的传统行业。艺术家用作品为我们留下了历史的画面，走进这座博物馆吧，看看三百六十行雕塑，让这些画面留在心中。

绣花女
seamstress

郎中
physician trained in herbal medicine

伙计
salesman

雕刻
to carve

生动
vivid

鲜活
fresh and alive

凝聚
to bring together

坚韧
tenacity

执着
persistence

衰落
to decline

三汉雕塑

第三节　昙华林探店之旅(下)

中英对照

淘
to buy something from a second-hand market

大水的店

大水的店(昙华林 56 号)

　　这是一家在昙华林开了 15 年的咖啡馆，熟悉昙华林的人都知道它。

　　这家店有上下两层，面积不大，但充满浪漫的文艺氛围。店里摆着店主在旅行途中买的或者二手市场淘^{táo}的各种物件，书架上放着许

175

多关于设计、文学、历史、旅行等方面的书和杂志。听着轻松的音乐，在这里喝喝咖啡、聊聊天、看看书是一件特别惬意的事情。

<ruby>惬意<rt>qiè yì</rt></ruby>

最特别的是，这家咖啡馆可以说是一个以武汉为主题的小型美术馆。店主在所有墙面上画满了和武汉有关的壁画，一楼的壁画以武昌的老建筑为主，二楼主要画的是汉口的老街区、老洋房。楼梯上手绘着从一到万的武汉路名，一级一级走上去，就像走遍了武汉三镇！二楼的屋顶是店主画的武汉地图，屋顶上写着：

中英对照

惬意
to be comfortable

中英对照

书脊
spine

字里行间
in-between the lines

贴切
appropriate

比喻
metaphor

扑面而来
to be blown into consciousness

小有名气
to have a reputation

慕名而来
to visit a place because of its reputation

质朴
plain

密密麻麻
to be covered

诚与真书店

长江是书脊（shū jǐ），武昌、汉口、汉阳是摊开的书页，穿行在城市的大街小巷，就像游走在书本的字里行间（zì lǐ háng jiān）。多么贴切（tiē qiè）的比喻（bǐ yù）！据说，15年前这家店开业时，店主就开始在墙面上作画，直到现在所有墙面都被画满。在店里欣赏这些壁画，属于自己的城市记忆也会扑面而来（pū miàn ér lái），难怪说幸福就是热爱自己所在的城市！

诚与真书店（昙华林 117 号附 10）

这是一家在武汉小有名气（xiǎo yǒu míng qì）的独立书店，读者们常常慕名而来（mù míng ér lái）。在开诚与真书店前，店主老王曾开过另一家独立书店——百草园书店。中央电视台纪录片频道（CCTV9）为这家书店拍摄过专题纪录片——《书店，遇见你》（第2集）。百草园书店 2021 年 5 月关闭。一年后，店主老王来昙华林开了诚与真书店。

从昙华林东入口进入街区，一眼就可以看到街边的这家书店。书店内布置得简单而质朴（zhì pǔ），没有过多的装饰。书架上摆满了密密麻麻（mì mì má má）的书，连地上也放着一堆堆书。书店的墙上挂着一幅幅水彩画，是读者画的昙华林一带的寻常风景。值得一提的是，这家书店长期有折扣，而且，如果你想拆开一本书的包装先看看内容，可以直接打开，不必询问店员。

这家书店主营文学、历史、哲学类的书，店主非常注重图书的版本和品质，在这里读者们总能买到心仪的书。书店会不定期举办各类文化活动，比如读书沙龙、阅读分享会等。

每次路过书店，透过大大的落地玻璃窗，总会看到有读者在书架前专注地阅读或选书，给人的感觉是安静和缓慢。虽然现在网络给我们提供了更方便的买书渠道，但是人们来到诚与真书店，又怎么只是为了买书呢？

小昙昙邮局(昙华林 93 号)

小昙昙邮局是中国邮政和昙华林共同打造的特色邮局，于 2021 年 10 月开业。小昙昙是一个可爱的卡通小女孩形象，她是昙华林的形象代言人。

中英对照

水彩画
watercolor

版本
edition

心仪
coveted

渠道
channel

代言人
spokesperson

中英对照

手账本
notebook

见字如面
to see someone's writing is like seeing them in person

自白
confession

小昙昙邮局

　　走进小昙昙邮局，面积不大，但各种文化创意产品非常丰富，有<ruby>手账本<rt>shǒu zhàng běn</rt></ruby>、书签、冰箱贴，女孩子喜欢的团扇、小饰品等。墙壁上放着武汉城市风光、昙华林地标建筑、文艺小店的明信片，"在小昙昙邮局里，所有书信都寄给美好，传递梦想、分享爱和希望，<ruby>见字如面<rt>jiàn zì rú miàn</rt></ruby>，你就是我的美好！"如同小昙昙的<ruby>自白<rt>zì bái</rt></ruby>一样，这里是传递梦想、希望和爱的地方。如果你来到小昙昙邮局，记得选一张明信片，亲手写下想说的话，然后投进门口的邮筒，把昙华林的美好带去远方，与朋友和亲人共同分享。

如今，<ruby>集章<rt>jí zhāng</rt></ruby>打卡成为旅游的新<ruby>风尚<rt>fēng shàng</rt></ruby>，人们带着集章本漫游城市。每到一站就盖下一个印章，为旅游增添了一种仪式感。小昙昙邮局一共有29枚印章，主要以武汉文化为特色，比如昙华林、黄鹤楼、江汉路等，所以，来小昙昙，集章打卡也是必不可少的。

中英对照

集章
to tag (with a stamp)

风尚
fashion

思考和讨论：

你对探店之旅中介绍的哪家店最感兴趣？说一说选择的理由。

扩展阅读

[1]何立滨，叶子紫.艺术之城昙华林[M].武汉：武汉出版社，2013.

[2]刘文祥.城象——武昌的历史景观变迁[M].北京：商务印书馆，2021.

[3]严昌洪，张继才，何广.昙华林编年史[M].武汉：武汉出版社，2020.

第十二讲　武汉大学

江城多山，珞珈独秀；山上有黉，武汉大学。武汉大学是国家教育部直属重点综合性大学，是国家"211 工程（gōng chéng）"和"985 工程（gōng chéng）"重点建设高校，是第一批"双一流"重点建设高校。1999 年，*Science* 杂志将武汉大学列为"中国最杰出的大学之一"。2022 年，武汉大学在泰晤士高等教育（THE）世界大学排名第 157 位，软科世界大学学术排名（ARWU）101—150 位，国际教育研究机构 QS 世界大学排名第 194 位。

除了强大的综合实力（shí lì）和高水平办学成就，武汉大学因其优美的校园环境，也被称为"中国最美丽的大学"。

第一节　武大百年校史

中英对照

创办
to establish

1893 年 11 月 29 日，湖广总督张之洞奏请清政府<ruby>创<rt>chuàng</rt></ruby><ruby>办<rt>bàn</rt></ruby>自强学堂，近代湖北高等教育的历史从此开始了。后来，这一天也被定为武汉大学的校庆日。张之洞认为"盖闻经国以自强为本""自强之道，以教育人才为先"，因而用"自强"二字为这座新式高等学堂命名。1902年 10 月，自强学堂搬到武昌东厂口，改名为方言学堂。1911 年辛亥革命前夕，方言学堂因

经费 紧张而停办。1913 年，北洋政府计划在全国设立六所高等师范学校，决定在方言学堂的基础上改建国立武昌高等师范学校。1923 年 9 月，国立武昌高等师范学校改名国立武昌师范大学，后又改名国立武昌大学。1926 年，国立武昌大学与国立武昌商科大学、湖北省立医科大学、湖北省立法科大学、湖北省立文科大学、私立武昌中华大学等合并成国立武昌中山大学。1928 年，南京国民政府以原国立武昌中山大学为基础，改建国立武汉大学。武汉大学因此成为近代中国第一批国立大学。1937 年，国立武汉大学与国立中央大学、国立清华大学、国立北京大学和国立浙江大学一起被称为"民国五大名校"。1938 年，武汉会战爆发，国立武汉大学不得不迁到四川乐山。日本宣布无条件投降的第二年（1946 年），武汉大学迁回武昌珞珈山。1947 年，医学院建立，这时有 6 大学院 21 个系以及 8 个研究所，实现了学校在 1928 年提出的设立文、法、理、工、农、医六大学院的理想。

　　1949 年武汉解放，国立武汉大学改名为武

中英对照

经费
fund

师范学校
normal school

合并
to merge

无条件投降
unconditional surrender

汉大学。1977 年中国恢复高考，学校开始发

展，先后设立经济与管理学院（1984）、法学

院（1986）、外国语言文学学院（1990）、政治与

行政学院（1992）、生命科学学院（1992）、电子

信息学院（1994）、新闻学院（1995）、哲学学院

（1996）、文学院（1997）、留学生教育学院

（1998）等学院。1995 年，武汉大学成为第一

批进入"211 工程"重点建设的大学之一。1999

年，武汉大学从原本的 16 个学院、3 个直属系

改为 9 大学院。2000 年，武汉大学与武汉水利

电力大学、武汉测绘科技大学、湖北医科大学合并成新武汉大学，书写了学校发展的新一页。2001 年，武汉大学成为"985 工程"重点建设高校之一。2017 年，武汉大学入选"双一流"建设高校名单。2023 年，是武汉大学建校 130 <ruby>周 年<rt>zhōu nián</rt></ruby>。

第二节 校徽、校训与校歌

武汉大学校徽（xiào huī）是 1993 年庆祝百年校庆时设计的图案。校徽为圆形，由珞珈蓝和珞珈绿两种颜色构成。上边是武汉大学英文校名"WUHAN UNIVERSITY"，表达学校国际化办学理念（lǐ niàn）和成为国际一流大学的目标；中间是武汉大学老图书馆，是最能代表武汉大学的老建筑；下面是阿拉伯数字"1893"，是自强学堂的创办时间；最下边是中文校名，用毛体（以毛泽东主席的书法艺术形成的一种独特的书法）书写。

同样是在 1993 年，武汉大学把新校训（xiào xùn）定为"自强、弘毅、求是、拓新"。武大最初名为"自强学堂"，意思是努力向上，永远不懈怠（xiè dài），出自"天行健，君子以自强不息"（《周易》）。"弘毅"出自"士不可以不弘毅，任重而道远"（《论语》），意思是理想远大，坚强刚毅，也是对武大 20 世纪 30 年代校训"明诚弘毅"的借（jiè）鉴（jiàn）。"自强"和"弘毅"表达了新校训对百年校史的传承。"求是"出自"修学好古，实事求是"

（《汉书》），意思是探索规律，追求真理。"拓

新"就是开拓创新，不断进步。总而言之，

校训的含义是：有远大的理想和自强不息的精

神，用坚强刚毅的态度，努力追求真理，取得

新成绩，办好武汉大学，为国家做贡献。

　　武汉大学校歌诞生于 1998 年，由陈望衡

（武大哲学学院教授）等作词，陈国权（武汉音

乐学院作曲系主任）编曲。歌词如下：

东湖之滨，珞珈山上，

这是我们亲爱的学堂。

百年沧桑，弘毅自强，

根深叶茂育桃李，满园芬芳。

啊，美丽的珞珈山，多少雄鹰竞翔翔。

扬帆长江，奔向海洋，

这是我们成长的地方。德业并进，求是拓新，

大同寰宇向未来，我创辉煌。

啊，心中的珞珈山，

今朝多磨砺，明日作栋梁。

中英对照

探索
to explore

开拓
to pioneer

创新
to innovate

沧桑
vicissitude

芬芳
fragrant

雄鹰
eagle

翔翔
to soar

寰宇
the whole world

辉煌
splendid

磨砺
to hone

栋梁
pillar

第三节　漫步武大（上）

中英对照

牌楼
decorated archway

　　武汉大学一直有"中国最美丽的大学"的美称，有人总结了武大的美景：春有粉樱，夏有幽兰，秋有枫桂，冬有寒梅，一年四季鲜花不断，美景不绝。那么来到武大，有哪些地方值得打卡呢？

　　第一，国立武汉大学pái lóu牌楼。

　　从珞珈门进入武汉大学，第一眼看到的就

191

是国立武汉大学牌楼。四根八棱圆柱表示欢迎来自世界各地的学生，柱上的云纹象征高等学校的高深。牌楼正面有"国立武汉大学"六个大字，背面从右到左写着"文法理工农医"。这座牌楼是 2013 年建的，已经是武汉大学的第四座牌楼，前面三座分别建于 1931 年、1933 年和 1993 年。2013 年的新牌楼跟 1993 年的老牌楼相比，除了变大了 12%，还向校内方向后移了 10 米。

第二，樱花大道→老斋舍→樱顶。

武汉大学的著名景观之一，从山下往山上依次可以看到樱花大道、老斋舍和樱顶的美景。樱花大道全长大约 600 米，种的是中日建交时期日本首相赠送的大山樱，周恩来总理将其中 50 株转赠给武汉大学，武大后来又多次收到日本赠送的樱花树苗。每年樱花开花的时候，有无数的游客来赏花。其实，秋季的樱花大道也很美，先开的是桂花，一阵阵沁人心脾的暗香飘来。等到深秋，路上落满金黄的银杏树叶，那是另一种美。

老斋舍在樱花大道上边，1930 年 3 月开始

中英对照

建交
to establish diplomatic relations

首相
prime minister

沁人心脾
to be refreshing

中英对照

拱门
arch

城堡
castle

俯瞰
to overlook

琉璃瓦
glazed tile

布达拉宫
the Potala Palace

修建，1931年9月完成，是武汉大学最古老的建筑之一。主体是依山而建的四栋建筑，中间由三个巨大圆形<ruby>拱门<rt>gǒng mén</rt></ruby>相连。这么多年，本着"修旧如旧"的原则，经历了多次维修的老斋舍还保留着那份独特的美感。它是武汉大学最早的学生宿舍，现在也还是学生宿舍。因为樱花大道的缘故，老斋舍也被叫作樱花<ruby>城堡<rt>chéng bǎo</rt></ruby>。每年樱花盛开的季节，住在樱花城堡的学生推开窗户就能看见飘飘洒洒的樱花雨！

穿过老斋舍的圆形拱门，沿着楼梯就能登上樱顶，<ruby>俯瞰<rt>fǔ kàn</rt></ruby>武大校园风光。樱顶就是樱花城堡之顶，是整个校园最高的地方。在樱顶有三座宫殿式城楼，上面铺着<ruby>琉璃瓦<rt>liú lí wǎ</rt></ruby>。从樱花大道仰望樱顶，四栋高大的宿舍楼和圆形拱门占满了整个山坡，宿舍窗户映着阳光，配上高处漂亮的琉璃瓦，让人有身在<ruby>布达拉宫<rt>bù dá lā gōng</rt></ruby>的感觉。

第三，老图书馆。

樱顶中间的城楼与老图书馆在一条线上。老图书馆是最能代表武汉大学的建筑，面积约4767平方米，外部是经典的中国宫殿式建筑，内部则有西式的回廊<ruby>回廊<rt>huí láng</rt></ruby>、石拱门等，融合<ruby>融合<rt>róng hé</rt></ruby>了东西方建筑风格。老图书馆在狮子山顶的中心，不仅是狮子山建筑群的核心建筑，也是整个武大校园的精神核心。这里不但是举办珞珈讲坛<ruby>讲坛<rt>jiǎng tán</rt></ruby>的地方，而且是为学生授予<ruby>授予<rt>shòu yǔ</rt></ruby>博士学位<ruby>学位<rt>xué wèi</rt></ruby>的地方。因此从武大校徽到学校宣传片，无不把老图书馆作为重要元素<ruby>元素<rt>yuán sù</rt></ruby>之一。2011 年，第一届武汉设计双年展暨艺术城市论坛活动中，武汉大学老图书馆与黄鹤楼、武汉长江大桥、江汉关大楼、汉口汇丰银行大楼一起被选为"武汉城市地标"。

2013 年，老图书馆被改造成校史馆。校史馆展现了武汉大学从创办自强学堂至今的 130 多年的办学历程。每年新生入校，都会来这里参观学习，完成入学教育第一课。

中英对照

回廊
winding corridor

融合
to blend

讲坛
forum

授予
to be awarded

学位
degree

元素
element

第四节　漫步武大（下）

梅园食堂

武汉大学里既有历史底蕴又值得游览的地方还真不少。

第一，宋卿体育馆。

中华民国大总统黎元洪（字宋卿）十分关心教育事业，曾想在武汉办一所江汉大学，还为此筹款 10 万元，可惜没能圆梦就去世了。后来，黎元洪的儿子黎绍基和黎绍业把这笔钱捐给了武汉大学，学校用来修建宋卿体育馆。体育馆 1937 年初建好，是当时中国最高级的大学体育馆。体育馆四周有回廊，采用了当时西方非常<ruby>先进<rt>xiān jìn</rt></ruby>的建筑工艺。从正面看，屋顶上是孔雀蓝琉璃瓦，有中式的三重屋檐，还做了<ruby>斗<rt>dǒu</rt></ruby><ruby>拱<rt>gǒng</rt></ruby>，这是只有宫殿或者高级寺院才有的，<ruby>侧<rt>cè</rt></ruby><ruby>面<rt>miàn</rt></ruby>的墙是<ruby>巴洛克<rt>bā luò kè</rt></ruby>式。大门右下方的墙上有一块汉白玉石碑，上面写着"宋卿体育馆"五个黑色大字。总之，宋卿体育馆是武大校园内又一座典型的<ruby>中西合璧<rt>zhōng xī hé bì</rt></ruby>式建筑。

第二，九一二体育场。

九一二体育场在武汉大学行政楼前。1958年 9 月 12 日毛泽东主席在武汉大学行政楼前的体育场上，接见了武昌几所大学的大学生，因此得名九一二体育场。它是校园里最大的体育场，每年<ruby>军训阅兵<rt>jūn xùn yuè bīng</rt></ruby>、学生运动会和毕业典礼都在这里举行。

第三，李达花园。

李达花园在行政楼前大道一旁的树林里，因为这里有一座前武大校长李达的塑像而得名。花园中有许多郁郁葱葱的树木，每到四月

中英对照
先进 advanced
斗拱 bucket arch
侧面 side
巴洛克 baroque
中西合璧 a combination of Chinese and western styles
军训 military training
阅兵 military parade

中英对照

天然
natural

占领
to occupy

山坡上还会开满兰花，非常漂亮。因为放了不少石桌和石凳，很多武大学生喜欢来这里早读或自习，李达花园又有了另一个名字——"天然自习室"。

第四，十八栋。

1931 年，武汉大学为了吸引人才，在珞珈山东南的山腰上修建了十八栋英式风格的小楼，作为著名教授的住宅。后来多盖了四栋，日军占领武汉期间拆除了一栋，实际上一共有二十一栋。不过，现在武大师生习惯叫其十八栋。

周恩来旧居在一区 27 号（第 19 栋一单元），周恩来与妻子邓颖超住在这里的时候，经常到东湖边散步。郭沫若旧居是周恩来故居斜下方的一区 20 号（第 12 栋二单元），旁边有一条小路，郭沫若在回忆中提过这条路，"周公和邓大姐也住到靠近山顶的一栋，在我们的直上一层，上去的路正打从我们的书房窗下经过。"因此武大师生把它叫作"恩来小道"。尽管郭沫若在十八栋只住了几个月，但他对这里的生活非常满意，在《洪波曲》一书中回忆"我生平寄迹过的地方不少，总要以这儿为最接近理想了",并赞美"武昌城外的武汉大学区域,应该算得是武汉三镇的物外<ruby>桃源<rt>táo yuán</rt></ruby>"。此外,武大的三位校长王世杰、王星拱和周鲠生,还有杨端六、熊国藻、葛扬焕、刘博平、桂质廷、苏雪林等著名学者、教授都曾在十八栋住过。

思考和讨论:

今天的课文中介绍了一所中国大学,你觉得外国大学和中国大学有什么不同?最少说出三个不同点。

扩展阅读

[1]张少林,王燕.洪山掌故[M].武汉:湖北人民出版社,2011.

[2]许颖,马志亮.武昌老建筑[M].武汉:武汉出版社,2019.

中英对照

桃源
The Land of Peach Blossoms (a place of tranquility and peace)

报酬
payment

寄托
to place in

遇见武汉

Encountering
Wuhan

第一讲　武汉? 武汉!

Step 1　行前小测：你知道吗?

选一选：

1. 武汉市是(　　)省的省会。
   A. 湖北　　　　　B. 华中　　　　　C. 楚天

2. 考古研究发现，武汉的盘龙城遗址是(　　)的遗址，离现在大约
   3500 年。
   A. 夏朝　　　　　B. 商朝　　　　　C. 汉朝

填一填：

3. 武汉是华中地区的国家级中心城市，长江和汉江交汇，把武汉分成了
   (　　)、(　　)和(　　)三镇。

4. 武汉包括 7 个核心城区：江岸区、江汉区、硚口区、汉阳区、武昌
   区、青山区、洪山区。如果想要游览黄鹤楼，应该去(　　)区。武汉
   还有 6 个远城区：黄陂、新洲、蔡甸、东西湖、江夏、汉南。机场和
   盘龙城都在(　　)区。

参考答案：1. A　2. B　3. 汉口　汉阳　武昌　4. 武昌　黄陂

　您家(niǎ)：尊称您，打招呼的口头语。you (formal greeting)

Step 2　制作你的旅行计划吧！

日期：　　　年　　月　　日　　当天天气：　　　　气　温：

景点名称：　　　票价：　　　全票：　　　　优惠价：

预计时长：　　　小时　　　出发时间：

旅行伙伴：

集合地点：

交通方式：

到达时：　　　　　　　　　途中：

景点打卡：

美食打卡：

买买买：

住宿信息：

下一站：　　　　　　　交通方式：

备注：

Step 3　惊艳眼睛，留下记忆

Step 4　我的收获

我看到了：

我吃到了：

我买到了：

我发现了：

我想说：

第二讲　黄　鹤　楼

Step 1　行前小测：你知道吗?

选一选：

1. 黄鹤楼在(　　)上。

    A. 龟山　　　　　　　B. 蛇山　　　　　　　C. 珞珈山

2. 最初修建黄鹤楼是出于(　　)目的。

    A. 娱乐　　　　　　　B. 旅游　　　　　　　C. 军事

3. 最早记录仙人骑鹤神话故事的人是(　　)。

    A. 崔颢　　　　　　　B. 祖冲之　　　　　　C. 阎伯理

4. 武汉被称为"白云黄鹤"的故乡是因为(　　)的诗。

    A. 李白　　　　　　　B. 崔颢　　　　　　　C. 孟浩然

5. "晴川历历汉阳树"中"历历"的意思是(　　)

    A. 清楚　　　　　　　B. 整齐　　　　　　　C. 高大

参考答案：1. B　2. C　3. B　4. B　5. A

Step 2　制作你的旅行计划吧！

日期：　　　年　　月　　日　　当天天气：　　　　气　温：

景点名称：　　　票价：　　　全票：　　　　优惠价：

预计时长：　　　小时　　　出发时间：

旅行伙伴：

集合地点：

交通方式：

到达时：　　　　　　　　　　途中：

景点打卡：

美食打卡：

买买买：

住宿信息：

下一站：　　　　　　　　交通方式：

备注：

Step 3 惊艳眼睛，留下记忆

Step 4　我的收获

我看到了：

我吃到了：

我买到了：

我发现了：

我想说：

第三讲 东湖与楚文化

Step 1 行前小测：你知道吗?

选一选：

1. 武汉市中心城区最大的湖是（   ）？

   A. 东湖　　　　　　B. 西湖　　　　　　C. 南湖

2. 东湖中的行吟阁是为了纪念（   ）。

   A. 楚庄王　　　　　B. 祝融　　　　　　C. 屈原

3. 以下哪一位不是楚人的祖先？（   ）

   A. 祝融　　　　　　B. 帝高阳　　　　　C. 周苍柏

填一填：

4. 成语（   ）出自楚庄王的故事，比喻平时看起来普普通通，一下子做出惊人的成绩。成语"问鼎中原"也和楚庄王有关，它的意思是想要夺取天下。后来，人们也用（   ）这个词来表达"在重要的比赛中拿到冠军"的意思。

参考答案：1. A 2. C 3. C 4. 一鸣惊人 问鼎

Step 2　制作你的旅行计划吧！

日期：　　　年　　月　　日　　当天天气：　　　气　温：

景点名称：　　　票价：　　全票：　　　优惠价：

预计时长：　　小时　　　出发时间：

旅行伙伴：

集合地点：

交通方式：

到达时：　　　　　　　途中：

景点打卡：

美食打卡：

买买买：

住宿信息：

下一站：　　　　　交通方式：

备注：

Step 3　惊艳眼睛，留下记忆

Step 4　我的收获

我看到了：

我吃到了：

我买到了：

我发现了：

我想说：

第四讲 长江和大桥

Step 1 行前小测：你知道吗?

选一选：

1. 中国的哪条河流最长？（   ）
   A. 黄河   B. 长江   C. 钱塘江
2. 武汉位于长江的（   ）。
   A. 上游   B. 中游   C. 下游

填一填：

3. 长江和（   ）江在武汉交汇，交汇的地点叫南岸嘴，附近还有龙王庙。（   ）年 10 月 15 日，武汉长江大桥建成通车，今年它已经（   ）岁了。

4. 1956 年 6 月，毛泽东主席在武汉畅游长江，写下了《水调歌头·游泳》，请你查阅资料，完成填空。

水调歌头·游泳

才饮长沙水，又食（   ）鱼。万里（   ）横渡，极目楚天舒。不管风吹浪打，胜似闲庭信步，今日得宽馀。子在川上曰：逝者如斯夫！

风樯动，（   ）静，起宏图。（   ）飞架南北，天堑变通途。更立西江石壁，截断巫山云雨，高峡出平湖。神女应无恙，当惊世界殊。

参考答案：1. B 2. B 3. 汉 1957 （开放式答案） 4. 武昌 长江 龟蛇 一桥

Step 2 制作你的旅行计划吧！

日 期：　　　年　　月　　日　　当天天气：　　　气　温：
景点名称：　　　票价：　　　全票：　　　优惠价：
预计时长：　　　小时　　　出发时间：
旅行伙伴：
集合地点：
交通方式：
到达时：　　　　　　　　　途中：

景点打卡：

美食打卡：

买买买：

住宿信息：

下一站：　　　　　　交通方式：
备注：

Step 3　惊艳眼睛，留下记忆

Step 4　我的收获

我看到了：

我吃到了：

我买到了：

我发现了：

我想说：

第五讲　汉阳古琴台和琴台文化艺术区

Step 1　行前小测：你知道吗？

选一选：

1. 黄鹤楼、晴川阁和(　　　)并称武汉三大名胜。

　　A. 古琴台　　　　　　B. 武汉长江大桥　　　C. 宝通寺

2. 纪念伯牙和钟子期的古琴台在(　　　)边。

　　A. 东湖　　　　　　　B. 月湖　　　　　　　C. 沙湖

3. 伯牙和钟子期"高山流水遇知音"的故事发生在(　　　)。

　　A. 武昌　　　　　　　B. 汉口　　　　　　　C. 汉阳

4. "君子之交淡若水，小人之交甘若醴"这句话是(　　　)说的。

　　A. 孔子　　　　　　　B. 庄子　　　　　　　C. 孟子

填一填：

5. 如今，位于汉阳的琴台文化艺术区主要包括(　　　　　　　　)、
　　(　　　　　　　　)、(　　　　　　　　)。

参考答案：1. A　2. B　3. C　4. B　5. 琴台音乐厅　琴台大剧院　琴台美术馆

Step 2　制作你的旅行计划吧！

日期：　　　年　　月　　日　　当天天气：　　　气　温：

景点名称：　　　　票价：　　　全票：　　　　优惠价：

预计时长：　　　小时　　　　出发时间：

旅行伙伴：

集合地点：

交通方式：

到达时：　　　　　　　　途中：

景点打卡：

美食打卡：

买买买：

住宿信息：

下一站：　　　　　　交通方式：

备注：

Step 3　惊艳眼睛，留下记忆

Step 4　我的收获

我看到了：

我吃到了：

我买到了：

我发现了：

我想说：

第六讲　宝通寺和长春观

Step 1　行前小测：你知道吗?

选一选：

1. "宝通禅寺"这个名字是在(　　)才有的。

   A. 唐代　　　　　B. 南宋　　　　　C. 明代

2. 宝通寺的名胜古迹之一元塔，也叫(　　)

   A. 无影塔　　　　B. 胜像宝塔　　　C. 洪山宝塔

3. 想看明代石狮，应该去(　　)。

   A. 长春堂　　　　B. 弥勒殿　　　　C. 道藏阁

4. (　　)不属于长春观"三绝"。

   A. 万斤钟　　　　B. 道藏阁　　　　C. 天文图

5. 甘棠石刻的"甘棠"二字是(　　)写的。

   A. 康熙皇帝　　　B. 乾隆皇帝　　　C. 嘉庆皇帝

参考答案：1. C　2. C　3. B　4. A　5. B

Step 2 制作你的旅行计划吧!

日期: 　　年　　月　　日　　当天天气:　　气 温:

景点名称:　　票价:　　全票:　　优惠价:

预计时长:　　小时　　出发时间:

旅行伙伴:

集合地点:

交通方式:

到达时:　　　　　　途中:

景点打卡:

美食打卡:

买买买:

住宿信息:

下一站:　　　　　　交通方式:

备注:

Step 3 惊艳眼睛，留下记忆

Step 4 我的收获

我看到了：

我吃到了：

我买到了：

我发现了：

我想说：

第七讲　江汉路和汉口历史文化风貌区

Step 1　行前小测：你知道吗？

选一选：

1. 汉口的历史有多长？（　　　）

   A. 1800 多年　　　　　　B. 500 多年　　　　　　C. 800 多年

2. 汉口开埠是哪一年？（　　　）

   A. 1861 年　　　　　　　B. 1840 年　　　　　　C. 1862 年

3. 汉口历史文化风貌区大部分位于汉口的（　　　）。

   A. 江汉区　　　　　　　B. 江岸区　　　　　　C. 硚口区

4. 江汉关大楼建成于（　　　）。

   A. 1949 年　　　　　　　B. 1924 年　　　　　　C. 1912 年

5. 19 世纪中期，中国和俄国之间"万里茶道"的起点在（　　　）。

   A. 上海　　　　　　　　B. 汉口　　　　　　　C. 天津

参考答案：1. B　2. A　3. B　4. B　5. B

　过早：吃早饭。to have breakfast

Step 2 制作你的旅行计划吧!

日期:　　　年　　月　　日　　当天天气:　　　气　温:

景点名称:　　　　　票价:　　　全票:　　　优惠价:

预计时长:　　　小时　　　出发时间:

旅行伙伴:

集合地点:

交通方式:

到达时:　　　　　　　　　　途中:

景点打卡:

美食打卡:

买买买:

住宿信息:

下一站:　　　　　　　　交通方式:

备注:

Step 3　惊艳眼睛，留下记忆

Step 4　我的收获

我看到了：

我吃到了：

我买到了：

我发现了：

我想说：

第八讲　张之洞与武汉的近代化

Step 1　行前小测：你知道吗?

选一选：

1　"敢为天下先"的意思最符合下面哪种解释？
（　　　）

　　A. 敢于做先行者，做别人没有做过的事

　　B. 不守旧，勇敢地创造、创新

　　C. 做什么事情都要当第一名

2. 京汉铁路是哪一年建成通车的？（　　　）

　　A. 1896 年　　　　　　　B. 1906 年　　　　　　　C. 1907 年

3. 张之洞创办的中国第一个钢铁企业叫什么？（　　　）

　　A. 汉阳兵工厂　　　　　B. 汉阳铁厂　　　　　　　C. 湖北枪炮厂

4. 张之洞从哪一年开始在湖北推行学制改革？（　　　）

　　A. 1893 年　　　　　　　B. 1902 年　　　　　　　C. 1912 年

5. 20 世纪初，武汉出现了出国留学热，当时学生去哪个国家最多？（　　　）

　　A. 美国　　　　　　　　B. 日本　　　　　　　　　C. 德国

参考答案：1. C　2. A　3. B　4. B　5. B

　茗货：傻子，笨蛋。idiot, fool

Step 2　制作你的旅行计划吧!

日期:　　　年　　月　　日　　当天天气:　　　气　温:

景点名称:　　　　票价:　　　全票:　　　优惠价:

预计时长:　　　小时　　　出发时间:

旅行伙伴:

集合地点:

交通方式:

到达时:　　　　　　　途中:

景点打卡:

美食打卡:

买买买:

住宿信息:

下一站:　　　　　　交通方式:

备注:

Step 3　惊艳眼睛，留下记忆

Step 4　我的收获

我看到了：

我吃到了：

我买到了：

我发现了：

我想说：

第九讲　从红楼到红巷

选一选：

1. 传说中，人们放鞭炮是为了在(　　)的时候吓走吃人的怪兽。

    A. 新年　　　　　　B. 中秋节　　　　　　C. 端午节

2. 辛亥革命首先发生在(　　)。

    A. 上海　　　　　　B. 广州　　　　　　　C. 武汉

3. 辛亥革命推翻了(　　)王朝的统治，结束了中国几千年的封建君主制。

    A. 元　　　　　　　B. 明　　　　　　　　C. 清

4. 1927 年，(　　)在武汉的红巷完成了《湖南农民运动考察报告》。

    A. 毛泽东　　　　　B. 李达　　　　　　　C. 陈独秀

参考答案：1. A　2. C　3. C　4. A

Step 2 制作你的旅行计划吧!

日期:　　　年　　月　　日　　当天天气:　　　气　温:

景点名称:　　　票价:　　　全票:　　　优惠价:

预计时长:　　　小时　　　出发时间:

旅行伙伴:

集合地点:

交通方式:

到达时:　　　　　　　　途中:

景点打卡:

美食打卡:

买买买:

住宿信息:

下一站:　　　　　　交通方式:

备注:

Step 3　惊艳眼睛，留下记忆

Step 4   我的收获

我看到了：

我吃到了：

我买到了：

我发现了：

我想说：

第十讲 舌尖上的武汉

Step 1 行前小测：你知道吗？

选一选：

1. 最能代表武汉的食物是（　　）

    A. 热干面　　　　B. 豆皮　　　　C. 烧麦

2. 汤包是（　　）的招牌美食。

    A. 小桃园　　　　B. 四季美　　　　C. 老通城

3. 被称为"武汉过早博物馆"的是（　　）

    A. 蔡林记　　　　B. 四季美　　　　C. 三镇民生甜食馆

4. 如果去吉庆街吃饭，最佳时间是（　　）

    A. 中午 12:00　　B. 晚上 6:00　　C. 午夜 12:00

连一连：

老通城　　　　　　　热干面

蔡林记　　　　　　　煨汤

四季美　　　　　　　汤包

小桃园　　　　　　　三鲜豆皮

参考答案：1. A　2. B　3. C　4. C，老通城—三鲜豆皮、蔡林记—热干面、四季美—汤包、小桃园—煨汤

Step 2　制作你的旅行计划吧！

日期：　　　　年　　月　　日　　当天天气：　　　气　温：
景点名称：　　　　票价：　　　全票：　　　　　优惠价：
预计时长：　　　　小时　　　出发时间：
旅行伙伴：
集合地点：
交通方式：
到达时：　　　　　　　　　途中：

景点打卡：

美食打卡：

买买买：

住宿信息：

下一站：　　　　　　　　交通方式：
备注：

Step 3　惊艳眼睛，留下记忆

Step 4　我的收获

我看到了：

我吃到了：

我买到了：

我发现了：

我想说：

第十一讲 昙 华 林

Step 1 行前小测：你知道吗?

选一选：

1. 昙华林这条街道是从哪个朝代开始形成的？（   ）

    A. 唐代　　　　　　B. 明代　　　　　C. 清代

2. 昙华林有五十多处老建筑，保存最多和最完好的是（   ）。

    A. 古代建筑　　　　B. 近代建筑　　　C. 现代建筑

3. 俗语"三百六十行，行行出状元"的意思是什么？（   ）

    A. 在每个行业都可以做得很优秀

    B. 工作没有高低贵贱，做任何工作都是平等的

    C. 三百六十个行业的人都可以当第一名

4. 以下哪个不是湖北省的非物质文化遗产？（   ）

    A. 汉绣　　　　　　B. 楚香　　　　　C. 苏绣

参考答案：1. B　2. B　3. A　4. C

Step 2　制作你的旅行计划吧！

日期：　　　年　　月　　日　　当天天气：　　　气　温：

景点名称：　　　票价：　　全票：　　　优惠价：

预计时长：　　　小时　　　出发时间：

旅行伙伴：

集合地点：

交通方式：

到达时：　　　　　　　途中：

景点打卡：

美食打卡：

买买买：

住宿信息：

下一站：　　　　　　交通方式：

备注：

Step 3　惊艳眼睛，留下记忆

Step 4　我的收获

我看到了：

我吃到了：

我买到了：

我发现了：

我想说：

第十二讲　武汉大学

Step 1　行前小测：你知道吗?

选一选：

1. "山上有黉，武汉大学"，"黉"的意思是（　　）

   A. 宫殿　　　　　B. 寺庙　　　　　C. 学校

2. 2023 年，是武汉大学的（　　）岁生日。

   A. 120　　　　　B. 125　　　　　C. 130

3. 以下哪个字在国立武汉大学牌楼背面看不到?

   A. 文　　　　　B. 艺　　　　　C. 法

4. 春季赏樱，最好去（　　）

   A. 老斋舍　　　　B. 十八栋　　　　C. 李达花园

填一填：

5. 武大校徽上有阿拉伯数字"1893"，代表（　　）的创办时间。

参考答案：1. C　2. C　3. B　4. A　5. 自强学堂

　统到：放到口袋里或包里。to put something in one's pocket or bag

Step 2　制作你的旅行计划吧!

日期:　　　年　　月　　日　　当天天气:　　　　气　温:

景点名称:　　　　票价:　　　全票:　　　　优惠价:

预计时长:　　　小时　　　出发时间:

旅行伙伴:

集合地点:

交通方式:

到达时:　　　　　　　　途中:

景点打卡:

美食打卡:

买买买:

住宿信息:

下一站:　　　　　交通方式:

备注:

Step 3　惊艳眼睛，留下记忆

Step 4　我的收获

我看到了：

我吃到了：

我买到了：

我发现了：

我想说：